Jedes Alter ist das beste

Jedes Alter ist das beste

Deutscher Taschenbuch Verlag
Artemis & Winkler

Konzeption und Gestaltung:
Artemis Verlags GmbH, München
Textauswahl: Ulrike Nikel

Originalausgabe
Oktober 1994
Deutscher Taschenbuch Verlag GmbH & Co. KG, München

Grafik/Layout: Ise Billig/Michaela Daigl
Umschlagbild:
André François, Rechenclown
Lithos: Kösel, Kempten
Druck und Bindung: Kösel, Kempten
Printed in Germany
ISBN: 3-423-08201-1

Als Kinder spielten wir ein Spiel,
das hieß ...
Ich weiß nicht, wie es heute heißt ...
Es hieß:
»Ich weiß etwas, was du nicht weißt!«
Man altert. Doch sonst ändert sich nicht viel.

Erich Kästner

Perspektiven

THEOPHIL STEIN

Das große Glück, noch klein zu sein,
sieht mancher Mensch als Kind nicht ein
und möchte, daß er ungefähr
so sechzehn oder siebzehn wär'!

Doch schon mit achtzehn denkt er: »Halt,
wer über zwanzig ist, ist alt!«
Kaum ist die Zwanzig knapp geschafft,
erscheint die Dreißig greisenhaft!

Und dann die Vierzig — welche Wende
die Fünfzig gilt beinah' als Ende.

Doch nach der Fünfzig — peu à peu —
schraubt man das Ende in die Höh'!

Die Sechzig scheint noch ganz passabel,
die Siebzig ist erst miserabel!
mit siebzig aber hofft man still:
»Ich werde achtzig, so Gott will«!

Und wer die Achtzig überlebt,
zielsicher auf die Neunzig strebt!
Dort angelangt, zählt er geschwind
die Leute, die noch älter sind.

Sitten und Gebräuche

CAROLINE CAISER

Der Geburtstag hat die Menschen immer schon fasziniert, und seit Jahrtausenden — genauer gesagt, seit der Kalender es möglich machte, ein Datum exakt festzuhalten — wurde dieser Tag festlich begangen. Zuerst allerdings wohl mehr in den Kreisen der Reichen und Mächtigen. Aber die Festivitäten eines Herrschers nahmen oft solche Formen an, daß das ganze Volk daran teilhatte.

Bereits im Alten Testament wird der Geburtstag eines Pharaos erwähnt, und auch aus dem berühmten Stein von Rosette aus dem 2. Jahrhundert v. Chr. geht hervor, daß die Ägypter schon

seit geraumer Zeit Geburtstage feierten. Von den Persern berichtet der griechische Historiker Herodot im 5. Jahrhundert v. Chr.: »Es ist bei ihnen der Brauch, ihren Geburtstag vor allen anderen Tagen zu ehren.«

Bei den Griechen gedachte man der Geburtstage der Unsterblichen. Gewöhnliche Sterbliche begnügten sich damit, Geburt, Mannbarkeit und Todesfälle zu feiern. Es ging hier also mehr um Ahnengedenken und Ehrung des Schutzgottes denn um ein persönliches Fest. Anders bei den Römern. Die Geburtstage ihrer Kaiser arteten manchmal in höchst merkwürdige Volksbelustigungen aus, da die Herren sich als gottähnlich empfanden und auch entsprechend geehrt sein wollten.

Abgeschreckt von diesen Exzessen und skeptisch gegen heidnische Überlieferungen, lehnten die frühen Christen Geburtstage als Feier zur Verherrlichung des Selbst rundweg ab. Origen von Alexandria schrieb im 3. Jahrhundert nach Christi Geburt: »Es gibt keinen Heiligen, der jemals an seinem Geburtstag ein Fest oder Bankett abgehalten hätte, noch den Tag, an dem Sohn oder Tochter geboren ward, festlich beging. Aber Sünder freuen und vergnügen sich an solchem Tag. Denn im Alten Testament finden wir, daß Pharao, König von Ägypten, seinen Geburtstag mit einem Fest feierte und daß Herodes im Neuen Testament das gleiche tat. Aber die Heiligen säumen nicht nur, den Tag ihrer Geburt mit Festlichkeiten zu begehen. Voll des Heiligen Geistes verfluchen sie diesen Tag, nach dem Vorbild von Hiob und Jeremia und David.«

Das Volk aber versäumte die Feste seiner Heiligen keineswegs. Wenn man schon keinen eigenen Geburtstag haben konnte, feierte man wenigstens den Todestag seines Namensheiligen, ein Brauch, der in katholischen Ländern noch heute weit verbreitet ist. »Geburtstag hat jedes Kalb, aber noch lange keinen Namenstag«, sagt man beispielsweise an Rhein und Mosel. Trotzdem zündet man auch dort — nachdem der Geburtstag im Mittelalter mit Eintragung des Geburtsdatums in die Kirchenbücher wieder Auferstehung feierte — immer häufiger die Kerzen auf dem Geburtstagskuchen an, eine Sitte, die auf die alten Griechen zurückgeht. Diese stellten der Mondgöttin Artemis am sechsten Tag jeden Monats (die Dame hatte monatlich Geburtstag, wie alle ihre Götterkollegen) mit Kerzen besteckte Honigkuchen auf die Altäre. Bei uns symbolisiert die Zahl der Kerzen meist das Lebensalter. Wer sie mit einem Atemzug ausblasen kann, hat einen Wunsch für das neue Lebensjahr frei. Oft wird am Geburtstag auch ein Lebenslicht, eine einzelne große Kerze, die jedes Jahr hervorgeholt wird, angezündet.

Der Geburtstag ist in den meisten Ländern eng mit dem Brauchtum verknüpft. Gewisse westafrikanische Stämme beschmieren ihre Geburtstagskinder mit Ei, damit sie wachsen, gedeihen und fruchtbar werden. Die Hindus opfern spezielle Nahrung im Tempel, in Skandinavien verteilen Geburtstagskinder in der Schule Süßigkeiten und Fähnchen. In Hongkong steht man am Geburtstagsmorgen besonders früh auf, um zuallererst Eltern und Großeltern zu ehren. In Schweden dagegen bleibt man extra lang im Bett, um der Familie die Mög-

lichkeit zu geben, das Geburtstagskind mit einem Lied und einem Kuchen mit brennenden Kerzen zu wecken.

Die zielgerichtete Geburtstagstorte stammt übrigens aus Deutschland, obwohl bereits die Ägypter »Glückskuchen« verteilten und auch die römischen Kaiser an ihren Geburtstagen Kuchen an ihre Freunde sandten.

Eine Sonderstellung nehmen stets die Geburtstage mit den Nullen ein. Mit Zwanzig wird man in vielen Ländern volljährig, die Dreißig schließt die jugendlichen Jahre ab, mit Vierzig werden die Schwaben klug, und die Oberschlesier empfinden Fünfzig wohl schon als biblisches Alter, denn die 50jährigen feiern dort gemeinsam den »Abrahamstag«. Die Schweden fühlen sich da jünger. Bei ihnen wird der Fünfzigste eines Mitbürgers derart von der ganzen Stadt gefeiert, daß viele dem Kanonendonner, den Reden und dem ständigen Schulterklopfen durch Verreisen entfliehen. In Indien, China und Japan wird der Mensch überhaupt erst mit Sechzig als fertiges Wesen betrachtet. Demzufolge darf eine Frau mit 60 in Japan nun auch alles tun, was ihr vorher (als sie vielleicht mehr Spaß daran gehabt hätte!) untersagt blieb. Der Siebzigste wird meist zum großen Familienfest, den Achtzigsten genießt man in stiller Freude, der Neunzigste wird mit gebührender Ehrfurcht gefeiert, beim Hundertsten gar darf man mit staatlichen Ehrungen rechnen.

Geburtstagsgedichte erfreuten sich schon bei den alten Römern großer Beliebtheit, erlebten ihre Blütezeit aber gewißlich im 18. Jahrhundert, während es dem 19. vorbehalten blieb, die Glückwunschkarten zu erfinden. Damit bemächtigte sich natürlich auch die Industrie dieses persönlichsten aller Feste und bereicherte es durch ein großes Angebot mehr oder minder sinnvoller Geburtstagsartikel. Dem »Geburtstagsmann«, der als Äquivalent zum Weihnachtsmann das Geschäft ankurbeln sollte, war jedoch kein durchschlagender Erfolg beschieden. Er verschwand ziemlich rasch wieder in der Versenkung. Geburtstag hat man, ob man will oder nicht. Die meisten Menschen freuen sich auch, wenn man ihrer an diesem Tag liebevoll gedenkt. Aussprüche wie »der einzig schöne Geburtstag ist der,

The Theatre Magazine Co

den man vergißt«, sind denn auch meist nicht so ernst zu nehmen. Denn merkwürdigerweise sind gerade diese ungnädigen Geburtstagskinder genau diejenigen, die am allerwenigsten verzeihen, wenn man ihren Ehrentag dann wirklich vergißt.

Geburtstag

Mascha Kaléko

Wenn ich so gegen fünf nach Hause fahre,
Gibts Erdbeereis, Besuch und Radio-Tanz.
Spät abends erst mach ich für mich Bilanz
Und wünsch mich wieder in vergangne Jahre:

Ich möchte wieder in der Tertia sitzen
Und schwänzen, wenn die Günther Englisch gibt.
Ich möchte manchmal in die Haustür ritzen:
»In Werner Birken bin ich toll verliebt!!!«

Ich möcht so gern nochmal Theater spielen,
Möcht heulen, wenn Luise Miller stirbt,

Des Nachts vorm Spiegel wie die Baker schielen,
... Obgleich das den Charakter sehr verdirbt.

Möcht wieder mal auf Äppelkähnen krauchen,
den Riesenwalfisch Untern Linden sehn,
Und hustend erste Zigaretten rauchen,
In einen Film für ›über achtzehn‹ gehn.

Ich möcht nochmal — zum allerersten Mal —
Ganz still für mich den Pan von Hamsun lesen,
An Menschen glauben, die das Ideal
Der halbverträumten vierzehn Jahr gewesen.

Nun bin ich groß. Mir blüht kein Märchenbuch.
Ich muß schon oft ›Sie‹ zu mir selber sagen.
Nur manchmal noch, in jenen stillen Tagen,
Kommt meine Kindheit heimlich zu Besuch ...

Geburtstagswünsche

STEPHAN CHRISTIAN KAYSER

——— ja, ja, da hatte einer Geburtstag, irgendwann im Januar oder Februar oder März oder April oder Mai oder Juni oder Juli oder August oder September oder Oktober oder November oder Dezember, wie alt er geworden war, darüber schwieg er sich aus, was insofern eine Gemeinheit war, als sich sein Alter wirlich unmöglich schätzen ließ, er konnte ein Jüngling sein oder genausogut ein älterer Herr, dieser jedenfalls ging einen Tag vor seinem Geburtstag, den er nie in Gesellschaft, sondern stets allein zu feiern pflegte, in eine große schöne Kirche und bat den lieben Gott, mit dem er bisher eigentlich nur sehr wenig Kontakt hatte, ihm folgende Wünsche zu erfüllen:

er wolle nicht viel, er brauche nur noch wenig zu seinem Glück, er wünsche sich lediglich eine Flasche besten erlesensten Weines, die sich niemals ganz leeren ließe, die sich immer wieder ganz von selbst auffülle, auch wenn er tagtäglich aus ihr bis zum Umfallen tränke, dann hätte er gerne noch ein komfortables Automobil, das niemals einer Reparatur bedürfe und das niemals aufgetankt zu werden brauche, auch wenn er damit andauernd kreuz und quer durch die Lande führe, sehr lieb wäre ihm auch noch eine Frau, die allzeit, wann und wo es ihn nur gelüste, zur Liebe bereit wäre und die auch noch in Jahrzehnten so aussähe, als sei sie seit ihrem zwanzigsten Lebensjahr um keinen Tag gealtert, dann wünsche er sich noch einen besten Freund, der immer zu ihm halte, auch wenn er ihn noch sooft und noch so sehr beleidigte und enttäuschte, dazu wäre ihm ein Bankkonto recht, auf dem ihm die Beträge, die er so per Scheck munter drauflos ausgebe, nicht abgezogen, sondern gutgeschrieben würden, so daß er logischerweise immer vermögender und vermögender würde, und all diese kleinen Annehmlichkeiten — Wein, Automobil, Frau, Freund,

Bankkonto — bitte bis an sein Lebensende, und was nun dieses Lebensende beträfe, so wolle er nicht unbescheiden sein, aber noch mindestens zehnmal so lange wolle er leben, wie er jetzt alt sei, dann sei's genug, also für ihn, den lieben Gott, sei es doch sicher kein Problem, die Erfüllung dieser seiner paar Wünsche von heute auf morgen zu bewerkstelligen.

Dieser Herr wachte nun am nächsten Morgen, an seinem Geburtstag irgendwann im Januar oder Februar oder März oder April oder Mai oder Juni oder Juli oder August oder September oder Oktober oder November oder Dezember auf, frühstückte in aller Ruhe, und man sollte es nicht für möglich halten, aber im Verlaufe dieses Tages, seines Geburtstages, wurden ihm doch tatsächlich alle seine Wünsche erfüllt, und es änderte sich auch nichts daran, bis er zehnmal so alt, wie er damals war, starb – – –

Die Torte

EUGEN ROTH

Ein Mensch kriegt eine schöne Torte.
Drauf stehn in Zuckerguß die Worte:
»Zum heutigen Geburtstag Glück!«
Der Mensch ißt selber nicht ein Stück,
Doch muß er in gewaltigen Keilen
Das Wunderwerk ringsum verteilen.
Das »Glück«, das »heu«, der »Tag« verschwindet,
Und als er nachts die Torte findet,
Da ist der Text nur mehr ganz kurz.
Er lautet nämlich nur noch: ... »burts« ...
Der Mensch, zur Freude jäh entschlossen,
Hat diesen Rest vergnügt genossen.

Mein Geburtstag

ENGIN OSMAN

Mein Vater hat mir immer wieder eingebleut, daß man als Moslem keinen Geburtstag feiern soll. Das sei eine Erfindung der Ungläubigen. Mag sein, daß die langen Jahre in Deutschland auf mich abgefärbt haben. Mag sein, daß die vielen Geburtstagsfeiern im Betrieb bei mir einen bleibenden Eindruck hinterlassen haben.

Möglicherweise will ich auch nur etwas Luft durch die Gegend schmeißen. Wahrscheinlich wißt ihr nicht mal, was »Luftschmeißen« bedeutet. Das ist eine vornehme Umschreibung für Angeberei. Wie dem auch sei, ich habe auf jeden Fall beschlossen, in diesem Jahr ganz offiziell meinen Geburtstag zu feiern. Natürlich nicht den Tag, der bei mir im Paß steht. Das ist nur das Datum, an dem mein Vater, Monate nach meiner Geburt, seine Ernte in der Stadt verkauft hat und nachmittags Zeit fand, mich offiziell anzumelden.

Ich habe noch nie Geburtstag gefeiert. Bei uns sagt man: »Wenn Allah will, daß auch der arme Bauer mal seine Freude hat, dann läßt er ihn erst seinen Esel verlieren und später wiederfinden.« Ich freue mich so auf meine Geburtstagsparty wie der glückliche Bauer, der soeben seinen Esel wiedergefunden hat — und dazu noch so, als wenn ich gleichzeitig der Esel wäre.

Allen meinen Bekannten habe ich Bescheid gesagt. Sie wollen alle zur Party, warten nur noch auf den endgültigen Anruf von mir.

Wie toll das doch alles bei den Deutschen geregelt ist. Nach fünfzig Jahren wissen sie immer noch genau, an welchem Tag sie geboren wurden. Nicht so bei mir. Ich wurde nämlich am Tag des ersten Schneefalls in unserem Dorf in Anatolien geboren. Das war das einzige Datum, das sich meine Eltern gemerkt haben. Und ich war immer sehr stolz darauf, denn den ersten Schnee hat schließlich nicht jeder. Unser Dorfpolizist Mustafa beispielsweise wurde geboren, als das schwarz gepunktete Kalb mit den zwei Köpfen zur Welt kam. Oder Mehmet, unser Dorffrisör, sein Geburtstag ist der Todestag seiner Mutter. Ein noch genaueres Datum gibt es bei uns nicht für einen Geburtstag. Ich darf also mit Recht stolz auf meinen Geburtstag sein: »Der Mann, der am Tag des ersten Schnees geboren wurde!«

Zumal es in unserem Dorf höchstens einmal in zehn Jahren schneit.

Welches Ereignis sich wohl meine Eltern gemerkt hätten, wenn es an dem Tag nicht zufällig geschneit hätte! Wahrscheinlich hätten sie die schwarze Katze von unserer Nachbarin mit der Eselskarre plattgefahren, um sich das dann als meinen Geburtstag zu merken: »Name: Osman Engin; Haarfarbe: Schwarz; Schnurrbartfarbe: Schwarz; Augenfarbe: Schwarz; Sockenfarbe: Schwarz; Zukunft: Schwarz; Geboren: An dem Tag, an dem sein Onkel Naci die schwarze Katze von Oma Nuriye bei Vollmond plattfuhr.«

Nein, das hört sich gar nicht gut an. Es hätte lediglich den Vor-

teil, daß ich meinen Geburtstag häufiger feiern könnte. Ich müßte dafür nur bei Vollmond eine schwarze Katze plattfahren. Es muß ja nicht jedesmal die von Oma Nuriye sein.

Sogar die zweitgrößte Nervensäge des Mittleren Orients hat ein genaueres Geburtsdatum als ihr Mann. Das bin ich, wenn Sie gestatten. Sie hat ihren Geburtstag auf den Tag genau neun Monate, nachdem sich ihre Eltern zum ersten Mal näher kennengelernt hatten. Das war der Tag, an dem sie heirateten und der Fluß über die Ufer getreten ist und niemand die andere Seite vom Dorf erreichen konnte. Genau zwei Tage zuvor hatte der alte Hoca damals in der Moschee behauptet, in jenem Jahr würde der Fluß nicht über die Ufer treten. Das war genau einen Monat, nachdem der erste Lehrer, den unser Dorf jemals gesehen hatte, endgültig wieder in die Stadt zurückfuhr. Denn nur acht Tage zuvor hatten die Leute im Dorf beschlossen, ihre Kinder nicht mehr in die Schule zu schicken. Weil der Unterricht ja doch nichts nützt bei der Feldarbeit. Und das war genau drei Tage vor Neumond. Bei Allah, ein so exaktes Geburtsdatum hätte ich auch gern gehabt.

Statt dessen warte ich bereits seit Monaten auf den ersten Schnee. Jeden Morgen stehe ich in freudiger Erwartung auf, schließlich könnte dies heute mein Geburtstag werden. Und abends gehe ich total enttäuscht ins Bett. Ich glaube, bei dem Ozonloch kann ich wohl lange warten. Aber durch mich ist dieses Gerücht, daß das Ozonloch schädlich sei, endgültig widerlegt worden. Dank Ozonloch werde ich ewig jung bleiben.

Geburtstag

TRUDE MARZIK

Geburtstag ist ein Freudentag,
für wen, ist allerdings die Frag'.
Wohl kaum für das Geburtstagskind.
Das wird geehrt, beschenkt, bedient —
als Kind hat man noch Freude dran,
der wahre Jammer kommt erst dann,
wenn man in seinen reifen Jahrn
zu oft Geburtstag hat erfahrn.
In aller Früh wirst du geweckt,
vom Weib geküßt, vom Hund geleckt,
vom Nachwuchs, wie man das so macht,

mit Überraschungen bedacht.
Verlegen lächelnd stehst du auf,
der Schicksalstag nimmt seinen Lauf.
Die Torte prangt. Du ißt ein Stück,
ein kleines nur. Gott, macht die dick!
Das Telefon bleibt niemals still,
weil jeder dir was wünschen will.
Du flüchtest eilig aus dem Haus.
Es wartet schon ein Blumenstrauß
auf deinem Schreibtisch im Büro.
Auch die Kollegen warten, froh,
daß es bald einen Umtrunk gibt.
Du bist ja schließlich sehr beliebt,
und so was hat, wie jeder weiß,
gewissermaßen seinen Preis.
Das Fest ist zwar noch längst im Gang,
improvisiert, doch laut und lang.
Erschöpft stiehlst du dich leis davon.

Daheim versammeln sich ja schon
Verwandte, Freunde, die en masse
mit festlich hocherhobnem Glas
und kußbereit gespitztem Mund
dir tuen ihre Wünsche kund.
Du denkst, sooft man zu dir prostet:
Was mich die Sauferei heut' kostet!
Du lächelst. Dabei ist dir schlecht.
Und denkst: Es ist doch ungerecht.
Na gut, man wird schön langsam alt,
doch daß man dafür auch noch zahlt?
Nur daß sich andre drüber freun?
Damit muß jetzt ein Ende sein!

Du sagst den Freunden: »Seid nicht bös,
das Feiern ist so strapaziös,
wolln wir nicht, ihr müßt das verstehn,
meinen Geburtstag übergehn

in Zukunft?« Alle sagen: »Klar!«
Du schläfst ins neue Lebensjahr
mit dem Bewußtsein froh hinein:
Ab nun wird der Tag friedlich sein!
Jedoch nach menschlichem Ermessen
ist das ein Jahr drauf längst vergessen.

In aller Früh wirst du geweckt,
vom Weib geküßt, vom Hund geleckt,
und wie gehabt, geht es so weiter,
wie's immer war. Drum nimm es heiter,
mein lieber Freund. Darum Kopf hoch!
Denn insgeheim freust du dich doch.

Lebensalter

BRÜDER GRIMM

Als Gott die Welt geschaffen hatte und allen Kreaturen ihre Lebenszeit bestimmen wollte, kam der Esel und fragte: »Herr, wie lange soll ich leben?« — »Dreißig Jahre«, antwortete Gott, »ist dir das recht?« — »Ach Herr«, erwiderte der Esel, »das ist eine lange Zeit. Bedenke mein mühseliges Dasein: vom Morgen bis in die Nacht schwere Lasten tragen, Kornsäcke in die Mühle schleppen, damit andere das Brot essen, mit nichts als mit Schlägen und Fußtritten ermuntert und aufgefrischt zu werden! Erlaß mir einen Teil der langen Zeit!« Da erbarmte sich Gott und schenkte ihm achtzehn Jahre. Der Esel ging getröstet weg, und der Hund erschien. »Wie lange willst du leben?« sprach Gott zu ihm. »Dem

Esel sind dreißig Jahre zuviel, du aber wirst damit zufrieden sein.« — »Herr«, antwortete der Hund, »ist das dein Wille? Bedenke, was ich laufen muß, das halten meine Füße so lange nicht aus; und habe ich erst die Stimme zum Bellen verloren und die Zähne zum Beißen, was bleibt mir übrig, als aus einer Ecke in die andere zu laufen und zu knurren?« Gott sah, daß er recht hatte, und erließ ihm zwölf Jahre. Darauf kam der Affe. »Du willst wohl gerne dreißig Jahre leben?« sprach der Herr zu ihm. »Du brauchst nicht zu arbeiten wie der Esel und der Hund und bist immer guter Dinge.« — »Ach Herr«, antwortete er, »das sieht so aus, ist aber anders. Wenn's Hirsebrei regnet, habe ich keinen Löffel. Ich soll immer lustige Streiche machen, Gesichter schneiden, damit die Leute lachen, und wenn sie mir einen Apfel reichen und ich beiße hinein, so ist er sauer. Wie oft steckt die Traurigkeit hinter dem Spaß! Dreißig Jahre halt ich das nicht aus.« Gott war gnädig und schenkte ihm zehn Jahre. Endlich erschien der Mensch, war freudig, gesund und frisch und bat Gott, ihm seine Zeit zu bestimmen. »Dreißig Jahre sollst du leben«, sprach der Herr, »ist dir das genug?« — »Welch eine kurze Zeit!« rief der Mensch, »wenn ich mein Haus gebaut habe und das Feuer auf meinem Herde brennt, wenn ich Bäume gepflanzt habe, die blühen und Früchte tragen, und ich meines Lebens froh zu werden gedenke, so soll ich sterben? O Herr, verlängere meine Zeit.« — »Ich will dir die achtzehn Jahre des Esels zulegen«, sagte Gott. »Das ist nicht genug«, erwiderte der Mensch. — »Du sollst auch die zwölf Jahre des Hundes haben.« — »Immer noch zu wenig.« — »Wohlan«, sagte Gott, »ich will dir noch die zehn Jahre des Affen geben, aber mehr erhältst du nicht.« Der Mensch ging fort, war aber nicht zufriedengestellt.

Also lebt der Mensch siebenzig Jahre. Die ersten dreißig sind seine menschlichen Jahre, die gehen schnell dahin; da ist er gesund, heiter, arbeitet mit Lust und freut sich seines Lebens. Hierauf folgen die achtzehn Jahre des Esels, da wird ihm eine Last nach der anderen auferlegt: er muß das Korn tragen, das andere nährt, und Schläge und Tritte sind Lohn seiner treuen Dienste. Dann kommen die zwölf Jahre des Hundes, da liegt er in den Ecken,

knurrt und hat keine Zähne mehr zum Beißen. Und wenn diese Zeit vorüber ist, so machen die zehn Jahre des Affen den Beschluß. Da ist der Mensch schwachsinnig und närrisch, treibt alberne Dinge und wird ein Spott der Kinder.

Weltlauf

EUGEN ROTH

Ein Mensch, erst zwanzig Jahre alt,
Beurteilt Greise ziemlich kalt
Und hält sie für verkalkte Deppen,
Die zwecklos sich durchs Dasein schleppen.
Der Mensch, der junge, wird nicht jünger:
Nun, was wuchs denn auf *seinem* Dünger?
Auch er sieht, daß trotz Sturm und Drang,
Was er erstrebt, zumeist mißlang,
Daß, auf der Welt als Mensch und Christ
Zu leben, nicht ganz einfach ist,
Hingegen leicht, an Herrn mit Titeln

Und Würden schnöd herumzukritteln.
Der Mensch, nunmehr bedeutend älter,
Beurteilt jetzt die Jugend kälter
Vergessend frühres Sich-Erdreisten:
»Die Rotzer sollen erst was leisten!«
Die neue Jugend wiedrum hält ...
Genug — das ist der Lauf der Welt!

Magischer Lebenslauf

JANOSCH

Magie ist Zauberkraft. Verzauberung. Eingeborene kennen magische Zeichen, die sie über die Tür ihrer Hütte schreiben, damit kein Feind eindringt oder kein Feuer das Haus vernichtet.

Ein Kreuz ist ein magisches Zeichen. Und ein Kreis.

Und einmal ist es soweit, da sollst du in der Schule zum ersten Mal deinen Lebenslauf schreiben. Wann du geboren bist, was der Vater arbeitet, wie die Mutter heißt, wo du zum ersten Mal in die Schule gingst, wo du bisher gewohnt hast.

Zehn Jahre später mußt du wieder deinen Lebenslauf schreiben, wenn du eine Lehrstelle oder eine Arbeit suchst; es ist inzwischen nichts passiert, der Lebenslauf ist der gleiche geblieben, acht Jahre Schule kamen dazu, ein halber Satz auf eine Zeile.

Solche Lebensläufe sind so langweilig wie altes Brot. Was spielt das schon für eine Rolle, wann und wo geboren und in welcher Schule man gewesen — das ist doch alles Mist. Das, was du wirklich erlebt hast, was du dir gedacht hast, was du denkst, was noch alles im Leben passieren kann, das kannst du da nicht hineinschreiben. Wen du leiden kannst und wer dein Freund ist, ist denen egal.

Sich richtige Lebensläufe ausdenken, ist aber ungeheuerlich schön:

»Wir wohnten hinter den Wäldern in einem Dorf, das hier keiner kennt. Acht Kinder, sechs Jungen, zwei Mädchen. Mein Vater war Bärenfänger, er konnte einen Bären mit den Händen fangen. Ging von hinten an ihn heran, umschlang ihn mit beiden Armen und hielt ihn so lange fest, bis er (der Bär nämlich) müde wurde und den Kampf aufgab. Dann konnte er ihn an der

Pfote packen und so nach Hause führen. Wir hatten einen Bären als Hausdiener. Er wusch unsere Wäsche und brachte das Frühstück. Er hatte eine Bienenzucht hinten im Garten, und wir hatten immer, immer besten Honig umsonst, ist ehrlich wahr.

Einmal wurde ein Bruder von mir von einem Wolf angegriffen. Das war fast einen Kilometer weg von zu Hause. Keine Rettung in Sicht. Da schnupperte mit einmal unser Dienerbär in der Luft, rannte zur Tür, riß sie auf, rannte hinaus und zeigte mit der Pfote über das Feld. Und da ganz hinten, einen Kilometer weit, konnte man meinen Bruder sehen, wie er um sein Leben rannte, und den Wolf. Meine Mutter riß die Winchester vom Kleiderhaken, sieben Schuß im Magazin ... Krrch ... peng ... pang ... peng ... peng ... Krrrrrch, Krrrch ... Sieben Löcher im Wolf! Wir haben in dem Haus gewohnt, bis ich sieben war, mein Vater hatte dann später nur noch eine Hand. Mein Vater wollte niemals reich werden. Er sagte, wer reich ist, hat einen Klotz am Bein, der ist nicht frei. Mein Vater ist unsterblich ...«

Du kannst dir wunderbar schöne Lebensläufe ausdenken. Du

kannst dann aufschreiben, wie dein Vater sein könnte: Er will niemals reich werden, und wir haben früher in einem Dorf am Meer gewohnt. Oder im Wald.

Du kannst dir deine Mutter ausdenken, die nicht immer das gleiche sagt: Nimm die Beine vom Stuhl, sitz gerade, halte den Kopf höher! sondern mit dir wie mit einem Menschen redet, und wenn sie mal was sagt, dann lohnt es sich, ihr zuzuhören. Weil es dann wirklich etwas bedeutet.

Du kannst dir einen Großvater ausdenken, den du in den Ferien besuchst. Der dir etwas Brauchbares über die Welt erzählt.

Solche Lebensläufe sind natürlich nur schöne Geschichten, aber du kannst mit ihnen gut leben. Deine Lebensläufe sind deine Privatsache, dein Leben ist auch dein Leben, und so ein Lebenslauf ist hundertmal besser als langweilige Daten: Geburtstag, Geburtsort, Name des Vaters ...

Und jetzt kommt etwas Seltsames: Ich habe viele Menschen gekannt, die erst kleine Kinder waren, dann lange Lümmel wurden und jetzt über dreißig sind. Viele waren dabei, die immer so versponnene Geschichten erzählt haben, tolle Geschichten über ihr späteres Leben. Sie erzählten sozusagen ihren Lebenslauf im voraus. Man kann seinen Lebenslauf im voraus erfinden. Das Geheimnisvolle dabei ist: Es kommt wirklich so. Ich kannte einmal einen kleinen Jungen, der andauernd von Kanada redete, Bäumefällen, auf einem Boot einen wilden Fluß hinunterfahren. Sein Vater war ein alter Meckerer, einer, dem alles nicht richtig paßte. »Geh raus, quassel hier nicht rum! Unser Ingo spinnt, weißt du. Hat zuviel gelesen. Hau ab, verzieh dich!«

Jetzt ist er in Kanada, hat inzwischen Bäume gefällt, ist etliche Flüsse hinuntergefahren, und sein Vater, der Meckerer, fährt ihn alle drei Jahre besuchen. Daß er seinen Sohn damals immer aus dem Zimmer gejagt hat, davon weiß er nichts mehr.

Ich habe einen gekannt, der redete als kleiner Junge davon, riesige Brücken zu bauen. Keine Aussicht, daß er es mal tun würde. Zum Studieren kommst du nicht so leicht, und sein Vater war Straßenfeger. Und er bastelte immer an kolossalen Konstruktionen. Sein Vater sagte oft: »Schlag's dir aus dem Kopf, Junge.

Das geht für uns nicht!« Es gibt nichts, was nicht geht. Er ist jetzt dreißig, und drei riesige Brücken hat er schon gebaut.

Mach dir deinen Lebenslauf! Erfinde dir so viele und so schöne Lebensläufe, wie du Lust hast, einmal ist einer dabei, an den du immer denken mußt, und dann kann ihn dir keiner nehmen.

Das dreißigste Jahr

Ingeborg Bachmann

Wenn einer in sein dreißigstes Jahr geht, wird man nicht aufhören, ihn jung zu nennen. Er selber aber, obgleich er keine Veränderungen an sich entdecken kann, wird unsicher; ihm ist, als stünde es ihm nicht mehr zu, sich für jung auszugeben. Und eines Morgens wacht er auf, an einem Tag, den er vergessen wird, und liegt plötzlich da, ohne sich erheben zu können, getroffen von harten Lichtstrahlen und entblößt jeder Waffe und jeden Muts für den neuen Tag. Wenn er die Augen schließt, um sich zu schützen, sinkt er zurück und treibt ab in eine Ohnmacht, mitsamt jedem gelebten Augenblick. Er sinkt und sinkt, und der Schrei wird nicht laut (auch er ihm genommen, alles ihm genommen!), und er stürzt hinunter ins Bodenlose, bis ihm die Sinne schwinden, bis alles aufgelöst, ausgelöscht und vernichtet ist, was er zu sein glaubte. Wenn er das Bewußtsein wieder gewinnt, sich zitternd besinnt und wieder zur Gestalt wird, zur Person, die in Kürze aufstehen und in den Tag hinaus muß, entdeckt er in sich aber eine wundersame neue Fähigkeit. Die Fähigkeit, sich zu erinnern. Er erinnert sich nicht wie bisher, unverhofft oder weil er es wünschte, an dies und jenes, sondern mit einem schmerzhaften Zwang an alle seine Jahre, flächige und tiefe, und an alle Orte, die er eingenommen hat in den Jahren. Er wirft das Netz Erinnerung aus, wirft es über sich und zieht sich selbst, Erbeuter und Beute in einem, über die Zeitschwelle, die Ortschwelle, um zu sehen, wer er war und wer er geworden ist.

Denn bisher hat er einfach von einem Tag zum andern gelebt, hat jeden Tag etwas anderes versucht und ist ohne Arg gewesen. Er hat so viele Möglichkeiten für sich gesehen und er hat, zum Beispiel, gedacht, daß er alles mögliche werden könne:

Ein großer Mann, ein Leuchtfeuer, ein philosophischer Geist.

Oder ein tätiger, tüchtiger Mann; er sah sich beim Brückenbau, beim Sraßenbau, im Drillich, sah sich verschwitzt herumgehen im Gelände, das Land vermessen, aus einer Blechbüchse eine dicke Suppe löffeln, einen Schnaps trinken mit den Arbeitern, schweigend. Er verstand sich nicht auf viele Worte.

Oder ein Revolutionär, der den Brand an den vermorschten Holzboden der Gesellschaft legte; er sah sich feurig und beredt, zu jedem Wagnis aufgelegt. Er begeisterte, er war im Gefängnis, er litt, scheiterte und errang den ersten Sieg.

Oder ein Müßiggänger aus Weisheit — jeden Genuß suchend und nichts als Genuß, in der Musik, in Büchern, in alten Handschriften, in fernen Ländern, an Säulen gelehnt. Er hatte ja nur dieses eine Leben zu leben, diese eine Ich zu verspielen, begierig nach Glück, nach Schönheit, geschaffen für Glück und süchtig nach jedem Glanz!

Mit den extremsten Gedanken und den fabelhaftesten Plänen hatte er sich darum jahrelang abgegeben, und weil er nichts war außer jung und gesund, und weil er noch so viel Zeit zu haben

schien, hatte er zu jeder Gelegenheitsarbeit ja gesagt. Er gab Schülern Nachhilfestunden für ein warmes Essen, verkaufte Zeitungen, schaufelte Schnee für fünf Schilling die Stunde und studierte daneben die Vorsokratiker. Er konnte nicht wählerisch sein und ging darum zu einer Firma als Werkstudent, kündigte wieder, als er bei einer Zeitung unterkam; man ließ ihn Reportagen schreiben über einen neuen Zahnbohrer, über Zwillingsforschung, über die Restaurationsarbeiten am Stephansdom. Dann machte er sich eines Tages ohne Geld auf die Reise, hielt Autos an, benutzte Adressen, die ihm ein Bursche, den er kaum kannte, von jemand Dritten gegeben hatte, blieb da und dort und zog weiter. Er trampte durch Europa, kehrte dann aber, einem plötzlichen Entschluß folgend, um, bereitete sich auf Prüfungen für einen nützlichen Beruf vor, den er aber nicht als seinen endgültigen ansehen wollte, und er bestand die Prüfungen. Bei jeder Gelegenheit hatte er ja gesagt zu einer Freundschaft, zu einer Liebe, zu einem Ansinnen, und all dies immer auf Probe, auf Abruf. Die Welt schien ihm kündbar, er selbst sich kündbar.

Nie hat er einen Augenblick befürchtet, daß der Vorhang, wie jetzt, aufgehen könne vor seinem dreißigsten Jahr, daß das Stichwort fallen könne für ihn, und er zeigen müsse eines Tages, was er wirklich zu denken und zu tun vermochte, und daß er eingestehen müsse, worauf es ihm wirklich ankomme. Nie hat er gedacht, daß von tausendundeiner Möglichkeit vielleicht schon tausend Möglichkeiten vertan und versäumt waren — oder daß er sie hatte versäumen müssen, weil nur eine für ihn galt.

Nie hat er bedacht ...

Nichts hat er befürchtet.

Jetzt weiß er, daß auch er in der Falle ist ...

Die Dreiunddreißigjährige

Hans Magnus Enzensberger

Sie hat sich das alles ganz anders vorgestellt.
Immer diese verrosteten Volkswagen.
Einmal hätte sie fast einen Bäcker geheiratet.
Erst hat sie Hesse gelesen, dann Handke.
Jetzt löst sie öfter Silbenrätsel im Bett.
Von Männern läßt sie sich nichts gefallen.
Jahrelang war sie Trotzkistin, aber auf ihre Art.
Sie hat nie eine Brotmarke in der Hand gehabt.
Wenn sie an Kambodscha denkt, wird ihr ganz schlecht.
Grünliche Batik-Kleider, die ihr zu weit sind.
Blattläuse auf der Zimmerlinde.

Eigentlich wollte sie malen, oder auswandern.
Ihre Dissertation, *Klassenkämpfe in Ulm,* 1500
bis 1512, *und ihre Spuren im Volkslied:*
Stipendien, Anfänge und ein Koffer voller Notizen.
Manchmal schickt ihr die Großmutter Geld.
Zaghafte Tänze im Badezimmer, kleine Grimassen,
stundenlang Gurkenmilch vor dem Spiegel.
Sie sagt: Ich werde schon nicht verhungern.
Wenn sie weint, sieht sie aus wie neunzehn.

Mit zwanzig Jahren regiert der Wille,
mit dreißig Jahren der Verstand
und mit vierzig Jahren das
Urteilsvermögen.

Benjamin Franklin

Im dreiunddreißigsten Sommer

Moritz Gottlieb Saphir

Es gab einmal eine Zeit, in welcher ich um dreißig Jahre jünger war, als ich jetzt jung bin! Wie jung muß ich in meiner Jugend gewesen sein, wenn ich jetzt noch so jung bin.

Vor dreißig Jahren zählte ich dreiunddreißig Sommer! — Doch nein! — Zu dreiunddreißig Jahren zählt man nur noch die Frühlinge! Mit vierzig Jahren beginnt man die Sommer zu zählen, mit sechzig die Winter und mit siebzig zählt man die Allerseelentage.

Zu dreiunddreißig Jahren fängt ein solider Sterblicher an, gesetzt zu werden — nicht in Profoßen-, sondern in Ehestands-Arrest!

Aber Künstler, Poeten, große Staatsmänner, Militärs fangen mit

dreiunddreißig Jahren erst an, das Leben oder was dasselbe ist, die Liebe, als das einzige Erhaltungsmittel von Geist, Phantasie, Scharfsinn, Politik und Heldenmut zu betrachten und täglich einige Eßlöffel davon zu nehmen.

Ein großer Poet, ein großer Künstler, ein großer Staatsmann und ein großer Held sehen jedes Frauenzimmer mit dem Gedanken an:

Mein ist der Helm und mir gehört er zu!

Nach diesen vier unwiderstehlichen Frauenerobererern kommt gleich der »Millionär«! Das Schicksal hat mich mit allem begabt, was einen Millionär macht, an Herz, Magen, Geschmack und Großmut, und ist mir die Million dazu schuldig geblieben! Wenn ich wollte, könnte ich das Schicksal in den Schuldenarrest bringen!

Auch in Hinsicht der Liebe hab ich das weibliche Geschlecht aus der Million-Perspektive betrachtet.

Ein »Poet« war ich auch, also hatte ich ein Herz mit doppeltem Liebesboden.

Nichts wechselt mehr als der Geschmack in der Liebe! Im Frühling liebt man blaue Augen, das ist die Veilchen-Saison! Im Winter liebt man schwarze Augen, das ist die Glutkohlen-Zeit. Am Fenster blaue Augen, beim Becher schwarze Augen. Zur Morgenstunde blonde, goldne Haare, zur Nachtstunde dunkle, schwarze Haare. Zum Ernst der Liebe eine römische Nase, zum Scherz- und Herzgekose ein Stumpf- und aufgeschürztes Näschen.

Bis zu vierzig Jahren ißt der Mensch, von vierzig Jahren weiter trinkt er mehr — bis zu vierzig Jahren liebt man die Schlanken, Schmächtigen, von vierzig Jahren weiter die Drallen, die Fülligen.

Kurz, die Geschmacksverschiedenheit geht ins Unglaubliche ...

Über die Zeit

PETER SPANGENBERG

Ein Esel, eine Eintagsfliege und eine Schildkröte unterhielten sich leidenschaftlich über das Leben.

»Ja, wenn ich mehr Zeit hätte«, sagte die Eintagsfliege, »dann wäre alles einfacher! Könnt ihr euch vorstellen, was es bedeutet, alles in 24 Stunden unterzukriegen? Geboren werden, aufwachsen, erleben, erleiden, glücklich sein, alt werden und sterben? Alles in 24 Stunden?!«

»Ich gäbe was drum«, sagte der Esel, »wenn ich nur 24 Stunden zu leben hätte. In kurzer Zeit alles auskosten, was es gibt. Ich stelle mir das herrlich vor: Kurz, aber richtig.«

»Ich verstehe euch nicht«, warf die Schildkröte ein. »Ich bin

jetzt 300 Jahre alt. Die Zeit würde nicht reichen, wollte ich euch erzählen, was ich erlebt habe. Es ist einfach zuviel. Schon vor zweihundert Jahren habe ich mir gewünscht, ans Ende meiner Zeit gekommen zu sein.«

»Ich beneide dich«, sagte sie zu dem Esel, und zur Eintagsfliege: »Mit dir habe ich Mitleid.«

»Wenn ich das so höre«, sagte der Esel, »ich gäbe was drum, wenn ich 300 Jahre alt werden könnte. Viel Zeit haben, um das Leben richtig auskosten zu können. Ich stelle mir das herrlich vor: lange, aber intensiv.«

Da schwiegen die drei sehr traurig, weil jeder das Leben nach der Uhr gemessen hatte und sich nun danach sehnte, das eigene Leben zu verlängern, zu verkürzen oder beides zu versuchen.

Da gingen sie zu dritt zur Spinne, die wegen ihrer Weisheit berühmt war, um sie um Rat zu fragen.

»Schildkröte«, sagte die Spinne, »hör auf zu klagen; denn wer hat schon soviel Erfahrung wie du?« Zur Eintagsfliege sagte sie: »Fliege, hör auf zu klagen; wer hat schon soviel Freude wie du?«

Da meldete sich der Esel und fragte, was sie ihm denn riete. »Dir rate ich nichts«, erwiderte die Spinne, »denn du wolltest beides! Du bist und bleibst ein Esel.«

Als die andern Tiere das hörten, warfen sie ihre Uhren weg und maßen das Leben fortan nach seiner Tiefe und seinem Sinn.

Das Leben muß wie ein kostbarer Wein mit gehörigen Unterbrechungen Schluck für Schluck genossen werden.

LUDWIG FEUERBACH

Das Lebensprogramm

ERICH MÜHSAM

Als Samuel Ehrenmann dreiundzwanzig Jahre alt war, beschloß er, seinen leichtsinnigen Lebenswandel aufzugeben und einen geregelten und gesitteten zu beginnen. Sein Onkel Isaak, ein frommer und gescheiter Mann, hatte ihn auf dem Totenbett beschworen: »Samuel! Samuel! Laß ab von deinem sündigen Tun! Siehe, ich trete vor unsern Herrn; und wenn der mich fragt: — und was macht Samuel, dein Neffe, den ich dir anvertraut hab, daß du, mein Knecht, ihn erziehest zu einem brauchbaren Mitglied, nu und so weiter, und so weiter — sag selbst, was soll ich antworten, da du doch nicht tust nach Gottes und meinen Worten, da du doch schwelgst eine Nacht wie die andre in Wirtshäusern und mit unmoralischen Freunden und Freundinnen und das Geld verprassest, statt es nutzbringend anzulegen, daß es Zins und Zinseszins trage, wie es deine Väter taten. Samuel, ich sage dir, werde moralisch! Samuel, ich sage dir, werde regelmäßig!« Samuel nahm sich diese Worte zu Herzen und versprach zu halten, was gute Sitte und praktischer Sinn verlangten. Als er das gelobt hatte, sank Onkel Isaak in die Kissen zurück und schloß befriedigt die Augen. Samuel Ehrenmann begrub seinen Onkel Isaak mit aller Feierlichkeit und in dankbarer Ehrfurcht. Darauf setzte er sich an seinen Schreibtisch und entwarf einen Plan, nach dem er in Zukunft zu leben gedachte.

Er schrieb auf, wann er des Morgens aufstehen wollte, setzte seine Frühstücks-, Mittags- und Abendbrotzeit fest, sogar für einen täglichen Spaziergang ins nahe Gehölz, überschlug, wieviel Arbeit er in der vorgesehenen Zeit jeden Tag leisten könne, bestimmte danach den Arbeitsplan für sein Leben, berechnete aus den Zinsen seines Vermögens und den Einnahmen seines Arbeitsverdienstes seine Ansprüche an die Welt, verfügte an Hand dieser Berechnung seinen letzten Willen und dachte an alles, was zu einem behaglichen, friedlichen, regelmäßigen und moralischen Lebenswandel gehört. Mit siebenundzwanzig Jahren wollte er heiraten. Genau setzte er das Datum der Verlobung und der Hochzeit fest, beschloß, vier Kinder zu zeugen, entwarf einen detaillierten Erziehungsplan für sie, bestimmte auch das Festprogramm für seine silberne und goldene Hochzeit und gedachte schließlich am 27. Oktober des Jahres zu sterben, in dem er am 5. Juni sein fünfundachtzigstes Lebensjahr vollendet haben würde, ergeben in Gottes Willen, beweint von Gattin, Kindern und Enkeln, insgesamt zweiundzwanzig Hinterbliebenen.

Das Programm umfaßte eng geschrieben einen Band von 1743 Seiten, die sich Samuel in Schweinsleder binden ließ. Als der Buchbinder seine Arbeit getan hatte, begann jener nach dem Programm zu leben, und er sah, daß er nichts zu bestimmen vergessen hatte. Das Buch gab ihm, wenn es nötig war, die Erlaubnis, sich einen neuen Rock zu kaufen, es wußte, wie oft sein Hut des Bügelns bedurfte, wann das Schuhwerk besohlt und das Hemd gewaschen werden mußte. Alles, bis ins kleinste alles war vorgemerkt. Denn der Geist Onkel Isaaks hatte Samuel die Feder geführt.

Ein Jahr nach dem andern schwand dahin, und an jedem Neujahrstage — für diesen Tag hatte ihn das Programm von allen andern Arbeiten dispensiert — prüfte Samuel Ehrenmann, ob er getan, wie es geschrieben stand, und an jedem Neujahrstage kam er zu dem Ergebnis, daß er mit sich zufrieden sein dürfe und daß ihn sein Lebensprogramm niemals im Stiche gelassen habe. So wurde er alt und grau und lebte programmgetreu weiter an der Seite seiner lieben Frau, die sich den Bestimmungen des Schweinslederbandes verständnisvoll angepaßt hatte, umringt von seinen vorschriftsmäßig erzeugten und erzogenen Kindern und Enkeln.

Allgemach fühlte Samuel die Zeit nahen, da er sterben mußte. Er durfte schon die Gicht bekommen, denn er war vierundachtzigeinhalb Jahre alt. Aber das Reißen stellte sich nicht ein, und Samuel, der gar nicht in Erwägung zog, daß sein Programm sich etwa irren könnte, nahm an, daß bei ihm die Gicht schmerzlos und knötchenfrei aufträte, rieb also morgens und abends Knie und

Schultern mit Opodeldok und Ameisenspiritus ein — wie es geschrieben stand.

An seinem fünfundachtzigsten Geburtstage schlug er den Leitfaden seines Lebens auf, berief nach dessen Maßgabe alle Familienmitglieder um sich und las mit lauter, etwas zitternder Stimme — so wurde es darin verlangt — diese Ansprache vor:

»Geliebte Gattin, teure Kinder, gute Kindeskinder! Seht, heute am 5. Juni dieses gesegneten Lenzes vollende ich mein fünfundachtzigstes Lebenjahr, und da ich am 27. Oktober dieses gleichen Jahres zu meinen Vätern und zu unserm in Gott ruhenden Onkel Isaak heimgehen muß, so könnt ihr ausrechnen, daß die Frist, die der Himmel mir noch gesetzt hat, heute genau vier Monate, drei Wochen und einen Tag beträgt. Diese Zeit ist mir bestimmt, um mich zum Tode vorzubereiten. Dazu habe ich vor allen Dingen meine finanziellen Angelegenheiten in Ordnung zu bringen und jedem von euch zuzuteilen, was ihm aus meinem Nachlasse zufallen soll. So überreiche ich euch hier je eine spezialisierte Berechnung seines Erbschaftsanteils.«

Damit entnahm Samuel gemäß der Programmordnung diese zweiundzwanzig Scheine und verteilte sie unter den Umstehenden. »Mir selbst«, fuhr er fort, »reserviere ich nur soviel, wie ich für den Rest des Lebens gebrauche. Das macht täglich 1 Mark 65 Pfennige, für die 144 Tage also, welche mir noch beschieden sind, 237 Mark und 60 Pfennige. Wenn diese Summe aufgebraucht sein wird, werde ich mich auf meine Chaiselongue legen und alsbald einschlafen. Um 5 Uhr 42 nachmittags wird ein durch Altersschwäche verursachter Herzschlag meinem Dasein ein Ende setzen. Du, meine heißgeliebte Gattin, treue Lebensgefährtin, Mutter meiner Kinder und Ahne meiner Enkel, wirst mich auffinden und an den Folgen des Schreckens, der dir in deinem Alter nicht mehr zuträglich ist, in 2 Monaten, einer Woche und 5 Tagen, demnach am 8. Januar des kommenden Jahres, mir in die ewige Seligkeit folgen; dein Erbschaftsanteil ist dementsprechend bemessen worden. Über die Begräbnisfeierlichkeiten findet ihr alles Nähere auf Seite 1698 bis 1727 zwanzig dieses Programms. Das herrlichste Vermächtnis aber, das ich euch zu hinterlassen habe, ist der Hinweis auf meine Erdenlaufbahn, die ich glaube geführt zu haben im Sinne unseres seligen Onkels, Großonkels und Urgroßonkels Isaak. Nehmt euch sein und mein Vorbild zum Beispiel und geht jetzt an eure Beschäftigung, wie ich an die meinige zu gehen gedenke, die ich mir vor zweiundsechzig Jahren in diesem Schweinslederbande vorgezeichnet habe.«

Der Alte schwieg, und in tiefer Rührung ging die Familie auseinander. Die Teilung der Erbschaft wurde in den hierzu im Programm bestimmten Stunden vorgenommen, und Samuel Ehrenmann sah ruhig und gefaßt, bei einem Geldverbrauch von täglich 1 Mark 65 Pfennigen, seiner Auflösung entgegen. Die Gicht verlief weiterhin schmerzlos und ohne sichtbare Merkmale.

Der 27. Oktober war da. Um 4 Uhr 55 Minuten kehrte Samuel vom Postamt heim, wo er für die letzten 20 Pfennige seiner 237 Mark 60 eine Briefmarke gekauft und auf das seit seinem vierundzwanzigsten Lebensjahr versandfertige Schreiben geklebt hatte, das sein Ableben dem Standesamt kundtat.

Rüstig erhobenen Hauptes begab er sich in sein Zimmer und legte sich auf die Chaiselongue. Um 5 Uhr 16, ganz nach Vorschrift, schlief er ein, und seine kräftig schnarchenden Atemzüge kündeten der im Nebenraum harrenden Frau Ehrenmann, daß die Stunde gekommen sei, da ihr Gatte ins Jenseits hinüberschlummerte. Sie sah nach dem Regulator. Punkt 5 Uhr 43, eine Minute nach dem planmäßigen Abgang mit Tode, erhob sie sich zu dem hoffnungslosen Versuch, den Schläfer zu wecken. Langgezogene sägende Töne schollen ihr schon an der Tür entgegen, und tränenden Auges, tiefgebeugt blieb Frau Ehrenmann vor dem Schlummernden stehn, ihr Los beklagend, sich im nächsten Augenblick als seine Witwe erkennen zu müssen.

»Samuelchen«, hauchte sie bewegt, und als er keine Antwort gab, sondern, den Atem laut durch die Nase ziehend, sich auf die andre Seite warf, da schrie sie vor Schmerz überwältigt auf: »Samuel! Mein Geliebter! Du bist tot! Oh, ich Ärmste! Ich unglückselige Witwe!«

Jammernd und schluchzend warf sie sich über ihn, von dem teuren Toten auf ewig Abschied zu nehmen. Da schlug Samuel die Augen auf.

Entsetzt starrte die Gattin ihn an. »Samuel!« kreischte sie. »Aber Samuel! Bist du denn noch nicht tot?! Und dein Programm — ?! Samuel!!«

Ratlos blickte der Erwachte in die verweinten Augen seiner Frau. Da betrat auch schon verstört und bleich, wie es befohlen war, und bereits schwarz gekleidet, die ganze Familie das Sterbezimmer.

»Denkt euch nur«, klagte Samuel, »ich bin gar nicht gestorben!«

»Nicht?« fragten Kinder und Enkel schaudernd. »Und das Programm?«

»Nein, nein — trotzdem!« Ungläubig umstanden die Hinterbliebenen das Sterbelager.

Da erhob sich Samuel Ehrenmann von der Chaiselongue, hob gewaltig die Arme in die Höhe und rief: »Gebt mir mein Geld zurück, ihr Erbschleicher!«

Da Samuels Programm eine Programmwidrigkeit nicht vorgesehen hatte, war die friedliche Eintracht, die so lange über der Familie Ehrenmann gewaltet hatte, vernichtet. Frau Ehrenmann und Samuels zweiundzwanzig Hinterbliebene warfen den Alten aus dem Hause, das ihm nicht mehr gehörte. Mit Hilfe eines Rechtsanwaltes und der Besatzung der nächstgelegenen Polizeiwache warf alsdann Samuel Ehrenmann seine Erben aus dem Hause, das ihnen noch nicht gehörte. Am 8. Januar, ihrem programmäßigen Todestage, schloß sich Frau Ehrenmann der Prozeßpartei ihres Gatten an. Der Staatsanwalt seinerseits schritt gegen Samuel ein wegen einer Falschmeldung beim Standesamt. Die gesamte Erbmasse verschwand allmählich in den Kassenschränken der prozessierenden Advokaten, die heute noch um den Ertrag des inzwischen subhastierten Ehrenmannschen Hauses untereinander prozessieren. Der Umfang der in Sachen Ehrenmann contra Ehrenmanns Erben angehäuften Akten übersteigt längst den des Schweinslederbandes, dessen Versagen in einem einzigen Punkte all die Verwirrung hervorgerufen hat. Nachdem Samuel Ehrenmann seine Gefängnisstrafe wegen Irreführung einer staatlichen Behörde abgesessen hatte, fand er Aufnahme in einem Asyl für schwachsinnige Greise, wo er an einem wissenschaftlichen Werk über die Gicht als betrügerische Vorspiegelung von Erbschleichern arbeitet. Was Frau Ehrenmann betrifft, so wurde ihr auf dem Vergleichswege die Chaiselongue zugesprochen, auf welcher sie ihr Samuel nicht zur Witwe werden ließ. Sie verbringt ihren Lebensabend in einem Heim für verlassene Matronen und klöppelt dort für das gerettete Möbelstück eine moderne schwarzumränderte Chaiselonguedecke.

Die Zeit

WILHELM BUSCH

Als mir die Zeit entgegenkam,
Erschien sie mir hübsch wundersam
Und angenehm und lecker.
Sie ging vorüber, und o weh!
Nun da ich sie von hinten seh',
Bemerk' ich ihren Höcker.

So ist nun mal die Zeit allhie,
Erst trägt sie dich,
Dann trägst du sie;
Und wann's vorüber, weißt du nie.

So tut die vielgeschmähte Zeit
Doch mancherlei, was uns erfreut;
Und, was das beste, sie vereinigt
Selbst Leute, die sich einst gepeinigt.

Jugend und Alter

ARTHUR SCHOPENHAUER

Vom Standpunkt der *Jugend* aus ist das Leben eine Unendlichkeit; vom Standpunkt des Alters aus eine sehr kurze Vergangenheit. Operngucker durchs Objektiv und durchs Okular.

*

Die Jugend heißt die glückselige Zeit des Lebens und *das Alter* die traurige. Das wäre wahr, wenn die Leidenschaften glücklich machten. Von ihnen wird die Jugend stark bewegt und hat davon wenig Lust und viele Pein. Das kühle Alter wird nicht so davon hin und her gerissen, hat Ruhe und bekommt einen komtemplativen Anstrich; die Erkenntnis ist an sich schmerzlos: Je mehr sie

allein das Bewußtsein füllt, desto glücklicher ist es. Man halte nur fest, daß alles Glück negativ, der Schmerz positiv ist: da wird das Conto der Leidenschaften bald klar sein.

Wo läge denn das Traurige des Alters? In Krankheit und Langeweile. Erstere ist ihm gar nicht wesentlich. Gegen letztere schützen Geist und Gelehrsamkeit. Auch läuft die Zeit im Alter schneller. Die Geisteskräfte nehmen zwar auch ab: Aber an sich macht der hohe Grad derselben, das Genie, nicht glücklich. Und um die Langeweile zu bekämpfen, wird genug übrig bleiben, wo viel war.

Auch nimmt von einer andern Seite durch Erfahrung, Kenntnisse, Übung, Nachdenken die Einsicht immer noch zu und ersetzt in gewissem Grade die Abnahme der eigentlichen Kräfte des Geistes. Der Verlust der Körperkräfte schadet wenig, wo man sie nicht zum Erwerb braucht. Aber Armut im Alter ist ein Unglück. Ist diese gebannt und die Gesundheit geblieben, so kann das Alter der erträglichste Teil des Lebens sein.

Notizen zu einem Handbuch für Anwärter

MAX FRISCH

Treibt er Sport (beispielsweise Ski), so ertappt sich der Vor-Gezeichnete dabei, daß er, wenn Junge zugegen sind, schneller fährt, als er eigentlich Lust hat —

Es freut ihn nicht, Leute seines Jahrgangs begrüßen zu müssen, ehemalige Mitschüler mit Bauch und Glatze; er ist bei solchen Anlässen etwas verlegen, vor allem wenn ihn eine Freundin begleitet, eigentlich auch sonst.

Die jüngeren und jüngsten Zeitgenossen gelten zu lassen, wenn sie in seinem Fach auftreten, fällt dem Vor-Gezeichneten schwerer als dem Gezeichneten. Er ertappt sich dabei, daß er alles, was von Jüngeren kommt, als bloße Mode bezeichnet — wobei dieser Begriff für ihn genau dort beginnt, wo er trotz versuchter Anpassung nicht mehr Schritt hält.

PS.
Der Gezeichnete neigt wieder zum Gegenteil: er wittert in manchem, was nur Mode ist, sofort das Epoche-Machende und gefällt sich als Vorkämpfer.

Er läßt es keinesfalls zu, daß man ihm den Mantel hält. Wo es bei einer gemütlichen Zusammenkunft einmal an Sesseln fehlt, gehört er zu jenen, die sich auf den Boden hocken. Er benutzt keinesfalls die Leiter ins Schwimmbecken, sondern springt. Wenn man Smoking tragen muß, zeigt er eine burschikose Haltung, Hände in den Hosentaschen. Beim Wandern mit Jüngeren trägt er den Rucksack usw. — zugleich macht er auf seine ersten grauen oder weißen Haare aufmerksam: als sei das Natürliche in seinem Fall sozusagen eine Kuriosität.

Er kann Altherren-Witze nicht leiden. Das ist nicht neu. Nun fallen sie ihm bereits selber ein.

Sein Stimulans: Aktivität.

Blick für die Alters-Veränderungen bei andern. Bisher konnte er sich einen Greis immer nur als Greis vorstellen; neuerdings meint er, wenn er einen Greis anschaut, ungefähr zu erraten, wie dieses Gesicht vor 30 Jahren ausgesehen hat ... Er sieht sich selbst ungern in einem Album: als Student, als Lehrling, als Rekrut usw.

In seinem Beruf kann er mehr als früher, weiß mehr und hat Möglichkeiten, die er früher nicht hatte; er wird befördert. Zugleich erkennt er sich daran, daß er von Jüngeren zu lernen hat. Darauf war er nicht gefaßt; bisher lernte er stets von Älteren, was leichter fällt ... Der Vor-Gezeichnete widersetzt sich dem Neuen nicht; nur kommt es nicht von ihm.

Hat er einen schweren Unfall überstanden (Totalschaden, aber wie durch ein Wunder überlebt er), so berichtet er wieder und wieder den genauen Hergang seines Beinahe-Todes; der Vor-Gezeichnete weiß: in einigen Jahren ist es nicht mehr dasselbe — unsere Chance, einen tragischen Tod zu haben, ist befristet.

Vierzig Jahre sind das Greisenalter
der Jugend,
Fünfzig Jahre die Jugend des
Greisenalters.

VICTOR HUGO

Wer kann sich eine Midlife-crisis leisten?

GABRIEL LAUB

Jede Krankheit verbreitet sich schnell, wenn sie einmal entdeckt ist. So auch die Midlife-crisis.

Zum Beispiel ein Bekannter von mir, Manager in einer großen Firma, hat unterwegs von einer Konferenz in New York im Flugzeug so ein Buch gelesen, durch einen Blick in seinen Terminkalender festgestellt, daß er demnächst fünfzig wird, und sofort hat er bei sich alle Symptome der Krise in der Mitte des Lebens gefunden. Er entschloß sich, ein für allemal Schluß mit dem Streß zu machen und ein einfaches, naturverbundenes Leben zu führen. Er ließ alles stehen — von allen Zivilisationsgütern hat er nur das Geld von seinem Konto und seine dreiundzwanzigjährige Sekretärin mitgenommen — und fuhr auf die Seychellen.

Schrecklich, was so eine Krise einem Menschen antun kann!

Eigentlich wollte dieser mein Bekannter schon vor fünfundzwanzig Jahren irgendwohin weit weg, mit einer Kommilitonin, die damals auch dreiundzwanzig war. Das Kapital der beiden reichte jedoch damals höchstens für eine Karte in den Harz, und die junge Dame sehnte sich auch nicht nach einem einfachen Leben, sondern ganz im Gegenteil.

Er heiratete also die Kommilitonin und begann eine erfolgreiche Karriere, die ihn so kaputtmachte, daß er jetzt von derselben Frau weglief, mit der er einst weglaufen wollte — nicht einmal ein Vierteljahrhundert ist es her!

Na, noch gut, daß er das Geld und die Sektretärin in die Krise mitgenommen hat, immerhin ein Stückchen Heimat in der Ferne.

Es muß wohl sehr schlimm sein, wenn die Krise einen überfällt, der mangels Kasse und Sekretärin keine so radikale Kur anwenden kann. Einen Bergmann unter Tage oder einen Bauern auf dem Feld.

Die Midlife-crisis ist aber eine sehr wählerische und anspruchsvolle Krankheit, sie befällt nur die, die es sich leisten können. Es haben sich zwar auch schon mehrere Minderbemittelte krank gemeldet, das sind aber nur angeberische Simulanten. Die werden morgen wieder brav ins Büro oder in die Schule gehen. Kriseln können sie nur zwischendurch in der Freizeit.

Ich kann mir zum Beispiel keine so vornehme Crisis leisten, obwohl ich altersmäßig schon dran wäre. Ab und zu vielleicht ein paar Tage, dann muß ich weiter arbeiten. Schade — ich wüßte einen phantastischen Krisenort für den Winter, am Roten Meer nicht weit von Eilat. Für den Sommer könnte man etwas Schönes irgendwo nördlicher finden.

Ich habe zwar gelesen, daß, wenn man glaubt, keine Krise zu haben, dies der beste Beweis dafür ist, daß man sie hat. Was haben dann aber die, die glauben, daß sie die Krise haben?

Warum kommt aber die Krise nicht zu mir, ich meine bewußt? Vielleicht weil ich auch ohnedies genug zu tun und andere Sorgen habe? Oder bin ich nicht feinfühlig genug? Oder weil ich keinen direkten Chef und keine Ehefrau habe?

Ich glaube schon, daß es sich eher in den meisten Fällen um Krisen des Mitlebens und nicht in der Mitte des Lebens handelt. Die hat man in jedem Alter: mit den Eltern, mit den Lehrern, mit den Kollegen, Partnern, Kindern ...

Die Mitte des Lebens kann man ja auch nicht ausrechnen. Vielleicht soll man so verfahren, wie der Rabbi in einem galizischen Städtchen geraten hat, als Kaiser Franz Joseph einem Lebenslänglichen die Hälfte seiner Strafe erließ: Er sollte abwechselnd einen Tag sitzen und einen Tag frei sein. Also — einen Tag arbeiten, einen Tag kriseln. Nur — wer kann es sich leisten?

Träumer mittleren Alters

MASCHA KALÉKO

Wie einen doch der große Weltschmerz quälte,
Als man so etwa zwanzig Jahre zählte!
Nun wird man niemals wieder Zwanzig sein.
Oft ist in mir ein seltsames Bedauern:
Daß ich nicht traurig bin, das macht mich trauern
Und hüllt mich in die alte Wolke ein.

Soll man die Wohlgeratenen beneiden,
Die kühl und praktisch nie an Weltschmerz leiden,
Weil ihre Herzen längst gestorben sind?

Ach, der Gedanke schon läßt mich verzagen ...
Mein Schicksal bleibt es, Träumen nachzujagen,
Ein hoffnungslos verlornes großes Kind.

Freiwillige vor zum Altwerden

HELLMUT HOLTHAUS

Meine Frau kam herein und sagte: In diesem Monat habe ich Geburtstag, ich werde ... Sie nannte eine Zahl, die ich aber nicht erwähne, weil man solche Zahlen beim weiblichen Geschlecht verschweigt, und fuhr fort: ... Jahre alt. Ist das bedenklich?

Nein. Sei doch froh, Liebste, wieder ein Jahr dazu!

Sie ist aber gar nicht froh. Melancholischer Zweifel verdunkelt ihren Blick, an ihrem Herzen nagt die Zahl.

Auch sie. Alt werden wollen sie alle, aber alt werden will keiner. Sehr merkwürdig. Das geht doch nicht! Wer alt werden will, muß alt werden, es geht nicht anders.

Dennoch bastelt das Menschengeschlecht, das eine sehr schwierige, widerspruchsvolle und quengelige Gesellschaft ist, eigensinnig weiter an der Lösung der Frage: Wie werde ich alt, ohne alt zu werden? Daran arbeiten Wissenschaftler und Magier, Chemiker und Faltenbügler, Hygieniker, Kosmetiker, Pharmazeuten und Mediziner, Färbemeister oder Auffrischer und Altersjäger (vertilge Runen radikal, Postkarte genügt). Es geht aber trotzdem nicht

Es ging nur bei den Göttern, die mit Achthundert noch aussahen wie Zwanzig. Die Sterblichen wollen es ihnen nachmachen und fallen auf jeden Zauberkünstler und Altweibermühlenkonstrukteur herein, der behauptet, das Geheimnis zu wissen.

Eines ist erreicht: die Abschaffung der Greise.

Ich lese in einem Buch von Gerstäcker, der vor hundert Jahren schrieb. Da ist ein rüstiger Vierziger regelmäßig als der »alte Mann« bezeichnet. Ein Mann in den Vierzigern ist kein alter Mann nach heutigen Begriffen, und wenn er zu den Fünfzigern einrückt, ist er immer noch keiner. Noch lange nicht!

Das Greisentum ist nicht mehr obligatorisch, sondern freiwillig. Greis heißt grau, und wozu haben wir die Chemie? Gerstäckers alter Mann wäre heute wahrscheinlich blond, aber es könnte sein, daß er unter dem Blonden doch ein bißchen grau wäre. Aber heutzutage fällt das nicht mehr so auf wie damals im Wilden Westen, wo die Geschichte spielt. Der Westen ist nicht mehr wild.

Die Abschaffung der Greise ist natürlich ein Fortschritt, aber mir kommt es doch so vor, als ob der greisfreien Welt etwas fehle. Die Greise waren so gemütlich. Nichts als junges Volk ringsumher, was für ein anstrengendes Hexenwerk! Und mancher hat unter seiner aufgekratzten Oberfläche doch arg zu kratzen, so lange nicht auch das Innere sich richtig blondieren läßt. Greise an die Front. Freiwillige vor! Parole zwanzig Jahre älter! Wer will noch Greis sein, oder wenigstens »Alter Mann«?

Kaum einer hat Lust. Sehr spärlich laufen die Meldungen ein. Ich muß es andersherum versuchen. Liebe jugendliche Zeitgenossen, wenn wir alt werden wollen — und das wollen wir doch alle —, dann müssen wir alt werden. Es gibt kein anderes Mittel.

Laßt uns also Jahressammler werden, fleißig Jahre sammeln und triumphieren bei jedem neuerworbenen Exemplar, stolz darauf, daß wir dem Ziele — alt zu werden — wieder einen Schritt näher kommen. Laßt uns fröhlich alt werden, mit anderen Worten: schrumpfen. Laßt uns lustig schrumpfen! — und wenn es uns geht wie Tithon. Dieser Mensch war auf Bitten seiner Geliebten, der Göttin der Morgenröte, vom Göttervater mit der Unsterblichkeit beschenkt worden, aber leider hatte der Chef in seiner Schusseligkeit vergessen, die ewige Jugend hinzuzufügen, die ja eigentlich dazugehört. Infolgedessen blieb Tithon zwar am Leben, aber er schrumpfte und schrumpfte, bis er nach langer Zeit nur noch eine zirpende Zikade war.

Ob er in dieser Gestalt der rosigen Göttin noch von Nutzen war, ist nicht überliefert. Aber was macht das? Als Zikade hat man es vielleicht ganz schön. Bestimmt kann man immer noch zirpen.

Warten auf Weisheit

BARBARA KÖNIG

November 1984. Speisewagen auf dem Weg nach Mainz. Ich bin diese Strecke in den letzten Jahren so oft gefahren, daß ich sie auswendig kann. Auch das späte Frühstück kenne ich, den Kaffee, das weiche Ei und die anderen plastikverschweißten Köstlichkeiten, aber diesmal ist es anders. Diesmal sehe ich mich von außen. Warum habe ich das früher nie getan? Warum war es mir nicht wichtig genug? Und kenne doch so viele Menschen, Männer wie Frauen, die sich ständig nur von außen sehen und offenbar ganz glücklich dabei sind? — Sehe mich also mit den Augen der anderen: eine leicht angejahrte Dame, nicht hübsch, nicht häßlich, doch das spielt alles keine Rolle mehr, eben weil sie eine angejahrte Dame ist ...

Der Kellner geht vorbei, und ich bestelle mir einen Schnaps, obwohl ich Schnaps nicht leiden mag. Das zeigt mir, daß ich unter Schock stehe. Unglaublich, wenn ich den Anlaß bedenke: die kurze Minute im Bahnhof heute morgen. Am Schalter saß ein blondlockiger Jüngling, den ich noch nie gesehen hatte, er sah wie Siebzehn aus, aber das mochte an meiner vorgerückten Optik liegen — denke ich jetzt, während draußen das Ulmer Münster aus den Dächern steigt und der ungewohnte Schnaps seinen Weg in meinen Magen brennt —, also der Jüngling fragte sehr höflich nach meinen Wünschen und setzte, ein weiteres Entgegenkommen, hinzu: »Seniorenpaß?« — Das war's schon, mehr war nicht, aber für mich war es ein Faustschlag in die Magengrube, der mir den Atem verschlug. Ich hätte ja allerlei antworten können, zum Beispiel: Oh, nein, ich bin gerade erst Neunundfünfzig geworden! Oder: Hören Sie, mein Lieber, das sollten Sie besser mir überlassen! Oder auch einfach: Nein! — statt dessen gelang mir nichts als ein mildes Kopfschütteln und danach wie betäubt der Weg zum Bahnsteig und in den Zug und im Zug der Weg zum

Speisewagen. Da sitze ich nun, verdattert und bestürzt: so unendlich banal war die Episode, geradezu läppisch. Eigentlich dürfte es mich überhaupt nicht berührt haben. Und das ist nun schon der zweite Schock an diesem Morgen: daß ich schockiert bin.

Immer noch im Speisewagen. Ich habe gefrühstückt und sehe dem Schwäbischen Jura zu, wie er sich von Nebelschwaden zerteilen und überraschend neu zusammensetzen läßt, denke nicht, fühle nicht und weiß doch auf einmal: So war es nicht. Es war weder läppisch noch banal, was da geschah, es war der Tod persönlich, der mich dort angesprochen hat, blondgelockt und höflich durch die Scheibe mit dem ovalen Sprechfenster: »Ist Ihnen endlich klar, liebe Frau — die Sache ist gelaufen!« Es war der Griff aus dem Grabe, der Horror schlechthin.

Elf Uhr abends in meinem einsamen Hotelzimmer, das ist eine Stunde, die ich sonst sehr genieße — eine Zigarette, ein Gläschen Tonic Water, ein paar Notizen vielleicht — aber heute nicht. Heute will ich nur schlafen. Dabei ist die Sitzung angenehm verlaufen und auch das Abendessen, ich war in heiterster Verfassung, schon um mich — und höchstwahrscheinlich auch die anderen — von meinem plötzlichen Altersmakel abzulenken, was auch gelang. Doch nun ist es Nacht, und ich hätte gern etwas Lebendiges bei mir, Mensch, Katze oder Hund, Hauptsache, daß es warm ist und atmet, ob im Bett oder darunter, und egal wie viele Beine es hat.

Wieder zu Hause. In meinen alten Tagebüchern nach einem Trost gesucht, drei bis vier Quadratmeter Papier über den Boden verteilt, bevor ich überhaupt eine Stelle zum Thema fand. Keine Rede von Trost: »... Aufgewacht und vom Grauen gepackt: die Person, die ich gewesen bin, scheint vor meinen Augen in einen bodenlosen Schacht zu verschwinden, aus dem sie, wenn überhaupt, als Antipode wieder hervortauchen wird, spinnwebbedeckt in eine von grauem Schimmel überwachsene Welt, in der selbst die einstige Sonne nichts als ein laufender Camembert ist, jede Blume einem faulenden Kranz entfallen, jedes Tier entweder Käuzchen oder heulender Schakal, Menschen kommen nicht mehr vor, und wenn, dann als schleichende Gespenster; ich selbst, in einem blinden Glas gespiegelt: ich nähere mich den Vierzig.«

Das war vor zwanzig Jahren. Lange kann der Alptraum nicht gedauert haben, denn ein paar Monate später schon begann ich, mich auf mein erstes Baby zu freuen, und die Freude blieb und blieb, Jahreszahlen hatten nichts mehr mit Altern zu tun, nur noch mit Wachsen — ich hatte einfach Glück.

Dann eine weitere Stelle: »Berlin, Erdener Straße, mein fünfundvierzigster Geburtstag. Ich tanzte mit Milo Dor, und der sagte: ›Gnädige Frau, für Sie gebe ich drei Fünfzehnjährige hin!‹ Komischer Gedanke ...« Warum finde ich ihn heute nur noch halb so komisch? Weil es mittlerweile schon vier Fünfzehnjährige wären, oder auch drei Zwanzigjährige, oder, behüte, sogar zwei Dreißigjährige? Oder eben, weil ich fürchte, daß es mit Angeboten dieser Art sowieso und für immer vorbei ist? — Pause. Ich habe zwei Haarbürsten und einen Kamm gewaschen und mir die Nägel lackiert. Nun habe ich auch die Antwort: Von Rechts wegen müßte es mir völlig gleichgültig sein, wer wie viele junge Wesen für mich eintauschen möchte oder nicht — und ist es auch.

Mitternacht. Eigentlich sollte ich schlafen gehen, statt dessen treibt es mich zwischen Bücherregalen herum, auf der Suche nach einem Zeitgenossen, der mir sagen könnte: Dies ist der Sinn des Älterwerdens, und damit basta. Was ich finde, das sind die vertrauten Freunde, die sich sämtlich gegen das Altern wehren: Max Frisch, Canetti, Italo Svevo ... Und selbst die wirklich klugen Frauen: Grete Weil, beim Skifahren mit über Siebzig, und der Mann am Lift sagt bewundernd: »Respekt, gnä Frau!« — und sie schreibt: »Er ahnt ja nicht, wie unendlich weh das tut ...« Oder Simone de Beauvoir, die voll Abscheu das fremde Gesicht im Spiegel betrachtet, die gerunzelte Haut, die Tränensäcke, und ruft: »Wie komme ich dazu? Das bin ich nicht!«

Frage mich jetzt, wie sie sich gefühlt haben mögen, nachdem sie ihren Jammer und ihre Wut aufs Papier gebracht hatten: besser auf jeden Fall, und vielleicht hatten sie eine neue Sicht erreicht, die vielen helfen könnte ... Aber das wird der Leser nie erfahren, denn

Autoren (gerade die guten) sind Egoisten, sie schreiben nur, was sie loswerden müssen, und die Früchte genießen sie dann allein.

Verärgert aufgewacht, es war noch dunkel, fröstelnd hinunter, Tee gekocht. Nach einem Blick auf den bleiernen See zwischen kahlen Weiden auf dem Barhocker in der Küche Marmeladenbrot gegessen und dabei den Grund für meinen Ärger gefunden: ich selber. Wie kann ich mich von einer simplen Zahl, die mein Lebensalter fixiert, so nachhaltig niederdrücken lassen?! Und dies, obwohl ich weiß, wie unerhört relativ diese Zahlen sind! Ich habe es ja erlebt: Mit Achtzehn liebte ich einen Greis von Sechsunddreißig, und an meinem Neunundfünfzigsten tanzte ich mit einem Jüngling von Fünfundvierzig. An meinem Achtzigsten könnte ich, theoretisch, mit einem Gleichaltrigen von Siebzig flirten. Verwirrend. — Adele Sandrock fällt mir ein, die mit düsterer Miene ihren Fünfundsiebzigsten feierte. Flötete einer ihrer Verehrer: »Aber Liebste! Fünfundsiebzig, das ist doch kein Alter!« Und die Sandrock, in ihrem tiefsten Baß: »Nicht für eine Kathedrale!«

Ich lache; schon ist der Bann gebrochen. Außerdem ist es heller geworden, der See hat von Blei zu Silber gewechselt, und gefrühstückt habe ich auch.

Fasching bei den Gossers. Viele schöne Frauen mit glatten Gesichtern, von der Ferne wirken sie wie Mitte Zwanzig, aus der Nähe wie Mitte Vierzig, in Wirklichkeit sind sie alt. Das verblüfft mich zunächst: wie denn, Frau Karg, die ich lange nicht gesehen habe, sieht jetzt zehn Jahre jünger aus als vor fünf Jahren? Dann freut es mich: wunderbar, so ein Sieg über den Niedergang, und gleichzeitig eine Hoffnung für uns alle ... Schließlich bleibt Unruhe zurück: Etwas stimmt da nicht, ich höre Frau Karg zu, die munter von ihren Reisen erzählt — das hat sie schon vor fünf Jahren getan, bloß daß es damals nicht Kaschmir war, sondern die Karibik — und auf einmal weiß ich, was mich stört: Sie trägt ihr neues Gesicht so, wie man ein Kleid trägt, von dem man weiß, daß es einem steht, selbstbewußt, froh. Nur, daß es wie ein Kleid zum Gegenstand geworden ist, hübsch, aber austauschbar.

Schon wieder eine Stimme im Radio, die von der Würde des Alters spricht. Mir ist, als ob ich das seit meiner Kindheit tausendmal gehört hätte, und seit meiner Kindheit weiß ich nicht viel damit anzufangen. Was ist das, Würde? Schwer zu sagen. Der Mann im Radio weiß es auch nicht.

Das hat wohl Proust geschrieben: »Die Zeit ist ein Zählvorgang, dem in Wirklichkeit nichts entspricht.« …

Die fünfte Jahreszeit

KURT TUCHOLSKY

Die schönste Zeit im Jahr, im Leben, im Jahr? Lassen Sie mich nachfühlen.

Frühling? Dieser lange, etwas bleichsüchtige Lümmel, mit einem Papierblütenkranz auf dem Kopf, da stakt er über die begrünten Hügel, einen gelben Stecken hat er in der Hand, präraffaelitisch und wie aus der Fürsorge entlaufen; alles ist hellblau und laut, die Spatzen fiepen und sielen sich in blauen Lachen, die Knospen knospen mit einem kleinen Knall, grüne Blättchen stecken fürwitzig ihr Köpfchen ... ä, pfui Deibel! ... die Erde sieht aus wie unrasiert, der Regen regnet jeglichen Tag und tut sich noch was darauf zugute: ich bin so nötig für das Wachstum, regnet er. Der Frühling —?

Sommer? Wie eine trächtige Kuh liegt das Land, die Felder haben zu tun, die Engerlinge auch, die Stare auch; die Vogelscheuchen scheuchen, daß die ältesten Vögel nicht aus dem Lachen herauskommen, die Ochsen schwitzen, die Dampfpflüge machen Muh, eine ungeheure Tätigkeit hat rings sich aufgetan; nachts, wenn die Nebel steigen, wirtschaftet es noch im Bauch der Erde, das ganze Land dampft vor Arbeit, es wächst, begattet sich, jungt, Säfte steigen auf und ab, die Stuten brüllen, Kühe sitzen auf ihren Eiern, die Enten bringen lebendige Junge zur Welt: kleine piepsende Wolleballen, der Hahn — der Hahn, das Aas, ist so recht das Symbol des Sommers! Er preist seinen Tritt an, das göttliche Elixier, es ist das Zeichen der Fruchtbarkeit, hast du das gesehen? und macht demgemäß einen mordsmäßigen Krach ... der Sommer —?

Herbst? Mürrisch zieht sich die Haut der Erde zusammen, dünne Schleier legt sich die Fröstelnde über, Regenschauer fegt über die Felder und peitscht die entfleischten Baumstümpfe, die ihre hölzernen Schwurfinger zum Offenbarungseid in die Luft stecken: Hier ist nichts mehr zu holen ... So sieht es aus ... Nichts zu holen ... und der Wind verklagt die Erde, und klagend heult er um die Ecken, in enge Nasengänge wühlt er sich ein. Huuh macht er in den Stirnhöhlen, denn der Wind bekommt Prozente von den Nasendoktoren ... hochauf spritzt brauner Straßenmodder ... die Sonne ist zur Kur in Abazzia ... der Herbst —?

Und Winter? Es wird eine Art Schnee geliefert, der sich, wenn er die Erde nur von weitem sieht, sofort in Schmutz auflöst; wenn es kalt ist, ist es nicht richtig kalt, sondern naßkalt, also naß ... Tritt man auf Eis, macht das Eis knack und bekommt rissige Sprünge, so eine Qualität ist das! Manchmal ist Glatteis, dann sitzt der liebe Gott, der gute, alte Mann, in den Wattewolken und freut sich, daß die Leute der Länge lang hinschlagen ... also, wenn sie denn werden kindisch ... kalt ist der Ostwind, kalt die Sonnenstrahlen, am kältesten die Zentralheizung — der Winter —?

»Kurz und knapp, Herr Hauser! Hier sind unsere vier Jahreszeiten.

Bitte: Welche —?«

Keine. Die fünfte.

»Es gibt keine fünfte.«

Es gibt eine fünfte. — Hör zu: Wenn der Sommer vorbei ist und die Ernte in die Scheuern gebracht ist, wenn sich die Natur niederlegt, wie ein ganz altes Pferd, das sich im Stall hinlegt, so müde ist es — wenn der späte Nachsommer im Verklingen ist und der frühe Herbst noch nicht angefangen hat —: dann ist die fünfte Jahreszeit.

Nun ruht es. Die Natur hält den Atem an; an andern Tagen atmet sie unmerklich aus leise wogender Brust. Nun ist alles vorüber: geboren ist, gereift ist, gewachsen ist, gelaicht ist, geerntet ist — nun ist es vorüber. Nun sind da noch die Blätter und die Gräser und die Sträucher, aber im Augenblick dient das zu gar nichts; wenn überhaupt in der Natur ein Zweck verborgen ist: im Augenblick steht das Räderwerk still. Es ruht.

Mücken spielen im schwarz-goldenen Licht, im Licht sind wirklich schwarze Töne, tiefes Altgold liegt unter den Buchen, Pflaumenblau auf den Höhen ... kein Blatt bewegt sich, es ist ganz still. Blank sind die Farben, der See liegt wie gemalt, es ist ganz still. Boot, das flußab gleitet. Aufgespartes wird dahingegeben — es ruht.

So vier, so acht Tage —

Und dann geht etwas vor.

Eines Morgens riechst du den Herbst. Es ist noch nicht kalt; es ist nicht windig; es hat sich eigentlich gar nichts geändert — und doch alles. Es geht wie ein Knack durch die Luft — es ist etwas geschehen; so lange hat sich der Kubus noch gehalten, er hat geschwankt ..., na ... na ..., und nun ist er auf die andere Seite gefallen. Noch ist alles wie gestern, die Blätter, die Bäume, die Sträucher ... aber nun ist alles anders. Das Licht ist hell, Spinnenfäden schwimmen durch die Luft, alles hat sich einen Ruck gegeben, dahin der Zauber, der Bann ist gebrochen — nun geht es in einen klaren Herbst. Wie viele hast du? Dies ist einer davon. Das Wunder hat vielleicht vier Tage gedauert oder fünf, und du hast gewünscht, es sollte nie, nie aufhören. Es ist die Zeit, in der ältere Herren sehr sentimental werden — es ist nicht der Johannistrieb, es ist etwas anderes ...

Es ist die fünfte und schönste Jahreszeit.

Der Jugend wird oft der Vorwurf
gemacht, sie glaube immer, daß
die Welt mit ihr erst anfange.
Wahn! Aber das Alter glaubt
noch öfter, daß mit ihm die
Welt aufhöre. Was ist schlimmer?

FRIEDRICH HEBBEL

Über Jugend und Alter

Woody Allen

Der wahre Maßstab der Reife eines Menschen ist nicht, wie alt er ist, sondern wie er darauf reagiert, wenn er mitten in der Stadt in seinen Unterhosen aufwacht. Was bedeuten schon Jahre, besonders wenn man eine mietpreisgebundene Sozialwohnung hat? Woran man immer denken sollte, ist, daß jede Zeit im Leben die entsprechenden Trostpflaster bereithält, wogegen es, wenn man tot ist, schwierig ist, den Lichtschalter zu finden. Das Hauptproblem beim Tod übrigens ist die Furcht, daß es kein Leben danach geben könnte — ein bedrückender Gedanke, besonders für diejenigen, die sich noch die Mühe gemacht haben, sich zu rasieren. Es gibt auch die Furcht, daß es ein Leben nach dem Tode gibt, aber niemand weiß, wo es stattfindet. Auf der Plusseite ist der Tod eins der wenigen Dinge, die leicht im Liegen erledigt werden können. Überlegen wir ferner: Ist das hohe Alter wirklich so schrecklich? Nicht, wenn man sich gewissenhaft die Zähne geputzt hat! Und warum gibt es kein Mittel gegen den Ansturm der Jahre? Oder ein gutes Hotel im Zentrum von Indianapolis? Na schön.

Kurz, am besten ist, sich so zu benehmen, wie es dem Alter angemessen ist. Wenn du sechzehn oder darunter bist, versuch nicht, Glatze zu tragen. Wenn du andererseits über Achtzig bist, ist es ein äußerst korrektes Verhalten, die Straße hinunterzuschlurfen, eine braune Papiertüte fest in der Hand, und zu murmeln: »Der Kaiser klaut mir meine Strippe.« Erinnern wir uns, alles ist relativ — oder sollte es sein. Wenn nicht, müssen wir wieder von vorn beginnen.

Brühsuppe und Eierkuchen

THEODOR FONTANE

Tabarz bei Waltershausen
(Thüringen), 14. Juli 1873

In einer Lattenlaube, gackernde Hühner und meckernde Ziegen um mich her, schreibe ich diese Zeilen, von denen ich wünsche, daß Sie Euch wohlbehalten in Franzensbad treffen mögen. Die Gattin nebst dem ihr und mir gleichmäßig zugehörigen Anhang (so die Treue kein leerer Wahn ist) traf am Montag in Fröttstedt ein, wo ich das Glück hatte, in unmittelbarer Nähe der Hörselbrücke — an welcher Stelle sieben Wagen und eine Rudolstädter Hofdame vor kurzem ihren Tod fanden — sie heil in Empfang nehmen zu können. Bei jetzigen Bahnzuständen immer schon was.

Im Hintergrunde ragte der Hörselberg auf, wo Frau Venus den Tannhäuser mehrere und einige Nächte gefangenhielt. Mit einer gewissen Wehmut durchdrang es mich, daß sich die holde Frau (ich meine Frau Venus) um meine Person weniger bemüht und mich jedenfalls früher entlassen haben würde.

Abwärts geht es Schritt um Schritt,
Dreiundfünfzig gefallt mer nit.

Die Fahrt von Fröttstedt hierher in einem Char à banc war sehr angenehm, und ich hatte die Genugtuung, meine Haus- und Wirtswahl belobt zu sehen, was mir um so wohler tat, als man als Ehemann auf solchen Ausgang nie mit Bestimmtheit rechnen kann. Im Gegenteil. Es wurde ein idyllisches Mahl eingenommen: Erdbeeren mit Milch, frische Eier mit beinah rötlichem Dotter, Schwarzbrot und Butter, dazu Wasser aus dem Thilobrunnen. Die Kinder machten ihre ersten Kletterversuche, und alles schien eine Reihe glücklicher Tage zu versprechen. Aber »o Menschenherz, was ist dein Glück?« Und siehe da, schon zwei Stunden später begrüßte ich die ersten Anzeichen von der Dauerlosigkeit menschlichen Hochflugs. Ikarus Noel war der Sonne zu nahe gekommen, und die Wachsflügel begannen zu schmelzen.

Station Halle war an meiner Penelope, die diesmal, statt treu zu warten, treu erwartet worden war, nicht spurlos vorübergegangen, und zwei um fünf Uhr früh genossene, eben heiß aus dem Ofen gekommene Semmeln begannen ihre infernale Wirkung zu üben. Die ersten verschämten Erklärungen darüber klangen noch ziemlich harmlos. »Er steht mir vor der Brust« oder »Es stößt mir das Herz ab«, sind Wendungen, die einen alten Seebefahrenen, der dreiundzwanzig Jahre lang den Ozean weiblicher Anfälle durchschifft, nicht allzusehr aus der Fassung bringen. Sie stehen auf Höhe jenes unenträtselten Zustandes, wo sich bei männlichen Individuen »die Hämorrhoiden auf die Brust werfen.«

Eine Abzweigung der Sommerfeldtschen Hausapotheke war mit auf die Reise genommen worden, und so suchte ich den bösen Geist durch Senfspiritus und Baldriantropfen zu bannen.

Aber ich mußte bald gewahr werden, daß ich es hier nicht »mit den Kleinen von den Meinen«, sondern mit dem höllischen Meister selbst zu tun hatte, und so, alle Beschwörungsformeln durchgehend, schritt ich vor bis zur Tinctura Opii crocata. »Incubus! Incubus! Tritt hervor und mache den Schluß.« Diesem Zeichen unterwarf er sich endlich, aber doch nur knurrend, ein Knurren, das beiläufig drittehalb Tage anhielt und von den üblichen Erscheinungen, die sich durch Unruhe, rasches Aufstehen und plötzliches Verschwinden zu erkennen geben, bis zuletzt begleitet war. Dann wölbte Iris ihren Bogen, und der Friede war wieder da ...

Gestern konnte bereits die erste Brühsuppe gekocht, der erste Eierkuchen bereitet werden. Das Leben lacht seitdem wieder, und der Glaube an eine sittliche Weltordnung hat sich neu belebt. Partien werden geplant, und die Wörter Reinhardsbrunn und Friedrichsroda gehen rasch und sicher, die Namen Inselsberg, Schmalkalden und Schwarzatal wenigstens schüchtern über unsere Lippen. Tante Merckel ist erwartet (das Signal zu kühneren

Unternehmungen). In die Tiefen Schopenhauers wird hinabgestiegen, und Wille und Vorstellung, Trieb und Intellekt sind beinahe Haushaltungswörter geworden, deren sich auch die Kinder bemächtigt haben. Mete sagt nicht mehr: »Theo, du bist zu dumm«, sondern: »Suche das Mißverhältnis zwischen deinem Willen und deinem Intellekt auszugleichen.«

Von der »schönen Natur« und unsrem Glücklichsein in ihr schreib ich nicht erst. Es versteht sich von selbst: »Die Welt ist herrlich überall, wo Berlin nicht hinkommt mit seinem Schwall.« Freilich ein Ausspruch, der sich kaum noch irgendwo mit voller Berechtigung machen läßt, denn — wo käme Berlin nicht hin?! Auch hier ist es vertreten.

Rückkehr in die Zeit

Karl Kraus

Mein Zeiger ist zurückgewendet,
nie ist Gewesnes mir vollendet
und anders steh' ich in der Zeit.
In welche Zukunft ich auch schweife
und was ich immer erst ergreife,
es wird mir zur Vergangenheit.

Und allem, was an Schmach und Schöne
als Bilder ich bewahr' und Töne,
dem bin ich ewig untertan.
Ich sitze bei der Schicksalsspinne

und was sie immer mir beginne,
ich seh' es mir von außen an.

Bin meines Werdegangs Behälter
und schaue alle Jüngern älter
und fühle in den Tod mich jung.
Und ich entwirre das Gewebe
und was ich immer noch erlebe,
erleb' ich als Erinnerung.

Ich bin mein treuester Begleiter
und lebe das Gelebte weiter,
und Neues kann mir nicht geschehn.
Von einem Urbild war gesegnet,
was mir zum erstenmal begegnet,
und ist mir wie ein Wiedersehn.

Bei einem nie gehörten Klange
wird mir nach meiner Vorzeit bange,

wird Niegesehnes nahe sein.
Und wenn ich einmal auf der Bahre
in unbekannte Länder fahre,
dann tret' ich in das Leben ein.

Gespräch über das Alter

ALFRED POLGAR

Der Philosoph Anaxias, Zeit- und Ortsgenosse des Sokrates, hatte einen harten Tag des Lebens und Schreibens hinter sich und das Bedürfnis, ein wenig Bewegung zu machen. Durch die Straßen schlendernd kam er zu einem Platz, wo Ringer einen Schaukampf zum besten gaben. Anaxias blieb stehen und sah zu. Viel Volk hielt die niederen Mauervorsprünge der Häuser rundum besetzt, und ein oder der andere stand auf, dem würdigen, weißhaarigen Herrn seinen Platz anzubieten.

»Danke, ich stehe lieber.«

»Nein doch«, beharrte ein Anbieter. »Setz dich nur.«

»Warum soll ich mich denn durchaus setzen?«

»Nun hör einmal! Ein Mann in deinen Jahren?«

Darauf erwiderte Anaxias nichts, sondern ging weiter, weniger leichten Schrittes, als er vorher gegangen war. Auf dem Heimweg trat er in eine Schenke, und der Wirt, nach einem prüfenden Blick auf den Gast, brachte eine Kanne Zider an den Tisch. Anaxias schob das Gefäß von sich. »Keinen Apfelsaft. Wein!«

»Wie du willst«, sagte der Wirt, »aber Zider ist gesünder für Leute deines Alters.« Den Dialog unterbrach der Eintritt Phlotions, eines Schülers des Philosophen. Er setzte sich zu dem Lehrer. »Du siehst ein bißchen müde aus, Anaxias. Fehlt dir etwas?«

»Nichts Besonders.«

»Du solltest dich mehr schonen. Ein Mann in deinen ...«

»Fang du nicht auch noch damit an, Knabe«, sagte Anaxias ärgerlich. »Meine Jahre würde ich nicht merken, wenn man mich nicht immerzu an sie erinnerte. Mein Alter würde ich nicht spüren, wenn nicht die anderen darauf bestünden, daß ich es zu spüren habe.«

»Das geschieht doch nur aus Sorge um dich.«

»Schöne Sorge, die aufgezwungen wird, ob man sie braucht oder nicht! Glaubst du, es ist angenehm, wenn sich dir, sowie du Miene machst, von deinem Stuhl aufzustehen, eine ungebetene Hand unter die Achsel schiebt, nicht davon abzubringen, dein gemächliches Aufstehen in ein ungemächliches Aufgestandenwerden zu verwandeln? Laß dir sagen, keinen schlechteren Dienst kannst du einem Alten erweisen, als ihm zu Bewußtsein zu bringen, daß er einer ist. Erzähle ihm, ich bitte dich, nichts von seiner erstaunlichen Frische! Zwänge ihm kein Kissen unters Gesäß, wenn er lieber hart sitzt! Rate ihm nicht zu Grießpapp, wenn er auf Knoblauchwurst Lust hat! Vom ›Druck der Jahre‹ würde mancher, der sie auf dem Buckel hat, weniger merken, wären die guten Nebenmenschen weniger beflissen, auf den Druck zu drücken. Aber mach etwas dagegen! Trägt einer die Last des Alters leicht, so halten das die Leute für einen unnatürlichen Zustand, für eine Illusion, aus der der arme Mann gerissen werden muß ... wenn sie's nicht geradezu als ein ganz besonders bedenkliches Alterssymptom ansehen.«

»Nimm es nicht übel«, sagte Phlotion, »aber ...«

Anaxias winkte unwillig ab. »Unterbrich mich nicht, wenn ich im Zuge bin ... Gewiß, der Spruch hat recht, der sagt: Das Alter selbst ist eine Krankheit. Aber muß man sie den von ihr Befallenen bei jeder Gelegenheit zu Gemüt führen? Spricht man von einem, der mit den Nieren zu tun hat, konsequent als von einem Nierenleidenden? Oder von einem Phthisiker immer als: der Schwindsüchtige ...? Nein. Aber ist von einem Alten die Rede oder Schreibe, fehlt nie ein Prädikat, das ihn an seine Krankheit, das heißt an sein Alter, festnagelt: der Greis; der Betagte; der Hochbetagte; und was es an Kosenamen dieser Spezies sonst noch gibt. Wahrhaftig, mich wundert's, daß sie unsereinen mit ›Guten Abend‹ grüßen und nicht mit ›Guten Lebensabend‹, damit man nur ja wisse, wo man hält. Ganz zu schweigen von dem perfiderstaunten ›noch‹, das unweigerlich in die Texte einfließt, mit denen zu Geburtstagen, Jubiläen oder dergleichen ein Alter bedacht wird. ›Der alte Herr duscht sich noch jeden Morgen‹; ›der Hochbetagte ist noch ständiger Gast bei den Wagenrennen‹; ›der Greis trinkt noch seine zwei Kannen thrazischen Heurigen täglich‹. Es liegt Vorwurf und Tadel in diesem scheinbar beifälligen ›noch‹; als sollten die Alten gemahnt werden, sich vielleicht doch schon weniger in die Richtung: Leben, und lieber mehr in die Richtung: Tod zu orientieren ... Aber was wolltest du vorhin sagen, Phlotion?«

»Ich wollte fragen, ob dich das viele Reden nicht anstrengt. Und möchtest du nicht eine Decke über die Beine? Hier kommt es kalt herein.«

»Höre«, sagte Anaxias, »wenn du willst, daß wir Freunde bleiben, laß diese verdammten Faxen. Wenn mich das Reden anstrengt, höre ich damit auf, und daß frische Luft hereinkommt, ist mir angenehm ... Gestern«, setzte er seine Diatribe fort, »hatten wir eine junge Freundin meiner Frau zu Gast, und als sie sich zum Fortgehen fertig machte, half ich ihr, ihren Himation in den richtigen fließenden Falten um die Schultern legen. Bezaubernde Schultern, wie von Phidias modelliert! Nachher sagte meine Chloe, die es, weiß Zeus, gut mit mir meint: ›Willst du noch immer den Galanten spielen, du alter Esel?‹ Ihr Götter, wenn sie wüßte, was ich noch alles spielen wollte und könnte! Die Frauen, das ist ein besonders tragikomisches Kapitel in der Geschichte vom alten Mann. Traum und Sehnsucht, ihnen geltend, machen ihn — auch wenn er von der Ehe und ihren sittlichen Bindungen frei geblieben ist — machen ihn der Umwelt, merkt sie etwas davon, zum Gespött. Aus seinem Olymp muß Eros verschwinden! Hat er es noch mit der Liebe, inbegriffen, versteht sich, deren profane Regungen und Wünsche, so wird er zur lächerlichen Figur. Und zu einer abstoßenden überdies. Denn es gilt als etwas Unsauberes bei einem alten Mann, ein Mann zu sein. Ich sage dir, Phlotion, von mir verlangen, daß mich fraulicher Reiz und Zauber nicht mehr in Herz und Nerven treffen sollten, hieße von mir verlangen, bei lebendigem Leibe tot zu sein.« Als er so sprach, kam ein Glanz der Entzückung in seinen Blick, und ein Schimmer jugendlicher Schönheit breitete sich über sein unschönes, von tiefen Narben der Denk- und Lebensmühe zerrissenes Greisenantlitz; so daß Phlotion schon fragen wollte: »Hast du Fieber?« Aber er besann sich und schluckte die Frage hinunter.

»Noch eines, mein Sohn«, sagte Anaxias lächelnd. »Wenn ich närrisches Zeug geredet habe, geschah es nicht mit Absicht. Wirr im Kopf nämlich wird der alte Mensch, ohne daß er dies wahrnimmt. Mit der Senilität ist es wie mit der Liebe: sie kommt und sie ist da. Und leider (oder soll ich sagen: den Göttern sei Dank?) liegt es in ihrem Wesen, daß sie dem, bei dem sie sich eingenistet hat, die Fähigkeit nimmt, ihre Anwesenheit zu bemerken.«

Damit erhob er sich und schritt, gefolgt von dem verwunderten Schüler, zum Ausgang der Schenke, wo Phlotion plötzlich schrie:

»Vorsicht, Anaxias, Stufe!«

»Hol dich der Teufel!« murmelte der Philosoph, über die Stufe stolpernd, was ihm ohne des Schülers Warnungsruf bestimmt nicht passiert wäre.

Aber wir lassen es andere machen

THEODOR FONTANE

Ein Chinese ('s sind schon an zweihundert Jahr)
In Frankreich auf einem Hofball war.
Und die einen frugen ihn: ob er das kenne?
Und die andern frugen ihn: wie man es nenne?
»Wir nennen es tanzen«, sprach er mit Lachen,
»Aber wir lassen es *andere* machen.«

Und dieses Wort, seit langer Frist,
Mir immer in Erinnerung ist.
Ich seh das Rennen, ich seh das Jagen,
Und wenn mich die Menschen umdrängen und fragen,

»Was tust du nicht mit? Warum stehst du beiseit?«
So sag ich: »Alles hat seine Zeit.
Auch die Jagd nach dem Glück. All derlei Sachen,
Ich lasse sie längst durch andere machen.«

Ein Herr in den besten Jahren

James Thurber

Als John Monroe der reizenden Dame in den Mantel half und sie sich dabei ganz leicht — und ganz unnötigerweise — zurücklehnte, fühlte er, wie ihn eine jähe Wärme durchströmte. Gleichzeitig aber empfand er eine gewisse Verwirrung, und dann tauchte auch die Ursache dieser Verwirrung — oder zumindest eine ihrer Ursachen — aus seinem Gedächtnis auf: Er hatte das hier schon einmal erlebt, vor vielen Jahren und mit einem anderen Mädchen. Und das Mädchen von damals hatte es, wie er sich schmerzlich erinnerte, nicht so gemeint. Hinterher war er stundenlang kreuzunglücklich im Regen umhergeirrt, hatte Dutzende von Zigaretten geraucht und natürlich die ganze Nacht nicht geschlafen.

Mit Genugtuung stellte er fest, daß er sich jetzt, im Alter von fast sechsunddreißig Jahren, über so etwas bedeutend weniger aufregte. Das Herz schlug ihm nicht bis zum Halse herauf, geräuschvoll wie ein billiger Wecker; er wurde weder blaß noch rot, und er stotterte auch nicht. Anfangs sah er der Dame nicht einmal in die Augen. Immerhin brachte er's fertig, wie es sich für einen Mann von Welt gehört, sie äußerst diskret — so glaubte er jedenfalls — von seiner Gefühlsaufwallung in Kenntnis zu setzen. Nicht, daß er etwas gesagt oder ihre Hand gedrückt hätte: er bedachte sie lediglich mit einem Blick, der ebenso tief wie wundervoll war — so glaubte er jedenfalls — und der eine bezaubernde Fortsetzung des Abenteuers einleiten sollte, ohne jedoch Mr. Monroe als jugendlichen Draufgänger erscheinen zu lassen. Gewiß, wenn's erst soweit war, dann würde er sich so stürmisch zeigen, wie die Situation es erforderte. Aber mit fünfunddreißig muß man langsam vorgehen, wenn man die richtige

Wirkung erzielen will. Außerdem war er ein bißchen müde — die Party hatte sehr lange gedauert. Er war froh, daß gerade an diesem Abend jemand anders die Dame nach Hause brachte, denn es war höllisch kalt.

Zu Hause bekam Mr. Monroe einen regelrechten Niesanfall, und das störte ihn ein wenig in der Bewunderung seines Spiegelbildes. Trotzdem sagte er sich im stillen, daß seine ergrauenden Schläfen von Tag zu Tag attraktiver wurden. Das Kinn auf die Hand gestützt, legte er die Stirn probeweise in Denkerfalten und war alles in allem mit seinem Aussehen sehr zufrieden. Dann ging er mit dem Vorsatz zu Bett, noch längere Zeit an die reizende Dame zu denken. Binnen zweiunddreißig Sekunden war er eingeschlafen.

Am nächsten Morgen erwachte er frischer, als es sonst nach einer Party der Fall war. Er sprang mit einem Satz aus dem Bett — ohne sich schwindlig zu fühlen, wie es ihm in den letzten Jahren des öfteren passiert war, wenn er zu schnell aufstand. Als er die Klinge im Rasierapparat auswechselte, pfiff er vor sich hin. Eine

Heiterkeit erfüllte ihn, deren Ursprung er nicht gleich zu ergründen vermochte. Dann erinnerte er sich der reizenden Dame und der Sache mit dem Mantel. Merkwürdigerweise sank daraufhin seine Stimmung ein ganz klein wenig. Das wunderte ihn — aber es war so. Wieder überkam ihn das alte oder genaugenommen das ziemlich neue Gefühl der Verwirrung. Immer wurde alles so kompliziert, so schrecklich problematisch. Komplikationen waren verdammt lästig — sie raubten einem den Schlaf, weil man unentwegt nachdenken mußte. Vor Mr. Monroes geistigem Auge tauchte plötzlich das Gesicht seiner Frau auf, lachend, ein wenig spöttisch. Er beeilte sich, das Bild zu verscheuchen. Zum Glück — er war allerdings nicht ganz sicher, ob er es wirklich als Glück bezeichnen sollte — war sie verreist und wurde erst in einer Woche zurückerwartet. Außerdem hatte sie bestimmt nichts dagegen. Er, ein reifer, erfahrener Mann, würde sich gewiß nicht lächerlich machen, und das war alles, was die kleine Mrs. Monroe in ihrer charmanten, humorvollen Art von ihm für den Fall einer — ehem — einer Verbindung mit irgendwem verlangt hatte. Er

sollte eine Dame wählen, deren sich eine Gattin nicht zu schämen brauchte. Na, das hatte er ja getan. Übrigens wartete die Dame wahrscheinlich auf einen Anruf von ihn. Gut, das konnte sie haben. Nach dem Frühstück. Das lachende Gesicht seiner Frau tauchte von neuem auf. Er schnitt sich beim Rasieren und fluchte. Er fand kein reines Hemd und fluchte noch einmal. Verdammt, sie war aber auch immer und ewig verreist!

Mr. Monroe wußte, daß sich der Mann der reizenden Dame zur Zeit auf den Bermudas befand, und das war einer der Gründe für sein jäh aufwallendes Glücksgefühl gewesen, als er ihr in den Mantel half. Angesichts dieser Tatsache wunderte es ihn, daß seine Glut merklich abkühlte, als er im Büro die Telefonnummer der Dame nachschlug und dabei auf den Namen ihres Mannes stieß. Die Druckzeile kam ihm wie eine kalte, schwarze Barriere vor. Er entsann sich, daß ihn in früheren Jahren das Vorhandensein eines Nebenbuhlers oder gar einer Gefahr nur noch mehr angefeuert hatte. Auf den verschlungenen Pfaden der Erinnerung schritt Mr. Monroe zurück bis zu einer kalten, frostglitzernden

Dezembernacht, in der er stundenlang vor dem Hause eines Mädchens gestanden und Steinchen ans Fenster geworfen hatte — bis sie endlich, um ihren guten Ruf besorgt, einwilligte, mit ihm die Weihnachsfeier seiner Studentenverbindung zu besuchen, obgleich sie eigentlich mit einem anderen jungen Mann verabredet war, von dem es hieß, er sei ihr Verlobter ... Junge, war das kalt gewesen, als er da unter dem Fenster stand! Hundekalt, wenn ihn nicht alles täuschte.

Er stand auf und machte das Bürofenster zu. Der Tag war müde und grau. Mr. Monroe hielt es für besser, die Dame erst nach dem Abendessen anzurufen.

Ein heißes Bad und der Besuch eines ruhigen Lokals mit ausgezeichneter Küche weckten seine Lebensgeister, so daß er beschloß, die Dame sofort anzurufen. In seine Wohnung zurückgekehrt, stellte er jedoch bei näherer Überlegung fest, daß dies nicht ratsam sei. Nein, das einzig Richtige war, gegen Mitternacht bei ihr aufzukreuzen. Sie gehörte zu den Leuten, die immer erst in den frühen Morgenstunden schlafen gehen. Wie hielten sie das eigentlich aus, so Nacht für Nacht? Wenn er kam, würde die Dame vermutlich lesen, wie im Film auf einen Diwan hingestreckt, lockend und verführerisch. Er nahm sich vor, mit elegantem Schwung einzutreten. Um sich für das Abenteuer zu stärken — das Wort »Feuerprobe« streifte nur eben sein Bewußtsein —, holte er sich einen Band Henry James. Die sollte eine Begegnung zwischen reifen Menschen werden, eine Begegnung auf höherer Ebene. Wer weiß, vielleicht entwickelte sich daraus eine jener erfreulich angenehmen und ein klein wenig schmerzlichen Episoden, die so bedeutsam sind. Hier geriet er von neuem in Verwirrung, denn plötzlich fiel ihm ein, daß die Dame möglicherweise andere Pläne verfolgte als die Heldinnen bei Henry James. Es fuhr ihm auch durch den Kopf, daß er drauf und dran war, seinen ursprünglichen Absichten zuwiederzuhandeln. Noch beim Cocktail vor dem Abendessen hatte er sich gesagt, daß er die Sache mit Ungestüm in Angriff nehmen müßte. *Müßte?* Nein, zum Teufel: wollte!

Es war eben zehn Uhr, und er hatte nicht die Absicht, vor Mitternacht aufzutauchen. Dann konnte er wenigstens damit rechnen, keine anderen Besucher mehr anzutreffen. Er zündete sich eine Zigarre an und schlug *The Golden Bowl* auf. Nach drei Minuten kämpfte er bereits mit dem Schlaf. »Junge, Junge«, brummte er vor sich hin. Er stand auf und wusch sich das Gesicht mit kaltem Wasser, dann kehrte er zu Buch und Zigarre zurück. Bald darauf aber fielen ihm wieder die Augen zu. Mr. Monroe trotzte der Müdigkeit mit eiserner Stirn. Er beschloß, sich schon jetzt umzuziehen, ging zum Schrank, holte den Smoking und alles Zubehör heraus, jedenfalls alles, was er davon fand. Wo die Manschettenknöpfe sein könnten, ahnte er nicht, obwohl er wußte, daß er es hätte wissen müssen. Das spöttische Gesicht der kleinen Mrs. Monroe verfolgte ihn auf Schritt und Tritt. Schließlich hatte er alles beisammen, breitete die Sachen auf dem Bett aus und fing an, sich gemächlich zu entkleiden. Plötzlich fiel sein Blick auf den hohen Spiegel, und er entdeckte, daß ein großer, magerer Mann in Socken und Sockenhaltern unsagbar blöde aussieht. Das bedrückte ihn sehr.

Statt den Smoking sofort anzuziehn, hängte er alle Kleidungsstücke über die Lehnen der Stühle, schlüpfte in seinen Pyjama und legte sich aufs Bett, um eine Zigarette zu rauchen. Zigarren waren zu schwer — sie sind nicht bekömmlich, wenn man müde ist. Wieder sah er auf die Uhr: kurz vor elf. Mr. Monroe überdachte die Lage noch einmal. Vielleicht war es doch besser, nicht vor eins hinzugehen. Um diese Zeit hatten sich alle etwaigen Gäste bestimmt schon verabschiedet. Natürlich war ihm klar, daß er einschlafen würde, wenn er noch zwei Stunden hier wartete. Nun gut, er konnte ja den Wecker auf dreiviertel eins stellen, dann blieb ihm noch reichlich Zeit zum Anziehen. Er stellte also den Wecker und kroch unter die Decke.

Das laute Rasseln des Weckers riß ihn aus einem Schlaf, der — wie ihm schien — nur wenige Minuten gedauert hatte. Mühsam richtete er sich auf, brachte den Wecker zum Schweigen und blieb etwa eine Minute lang auf den Ellbogen gestützt liegen. Dann lehnte er sich in schöner Entschlossenheit halb aus dem Bett heraus, tastete nach einer Zigarette, fand eine und ließ sie fallen, ohne sie anzuzünden. Langsam, sehr langsam, kroch er unter die Decke zurück und knipste das Licht am Kopfende des Bettes aus. Ein tiefer Seufzer entrang sich seiner Brust.

Von der Kunst, auf anmutige Weise alt zu werden

LIN YUTANG

Ich habe mich häufig bemüht, die östliche und die westliche Lebenseinstellung miteinander zu vergleichen und in ihrer Gegensätzlichkeit zu erfassen, aber ich habe keine durchgehenden Unterschiede gefunden, außer in der Einstellung zu den alten Leuten, wo der Unterschied allerdings unverkennbar ist und es keine Übergänge gibt ... Am deutlichsten wird das, wenn es sich darum handelt, jemanden nach seinem Alter zu fragen oder selbst zu sagen, wie alt man ist. In China kommt, wenn man einen offiziellen Besuch macht, gleich nach der Frage nach Vor- und Familiennamen die weitere Frage: »Und welches ist Ihr ruhmreiches

Alter?« Muß der Gefragte zögernd gestehen, er sei dreiundzwanzig, er sei achtundzwanzig, so tröstet ihn der andere mit der Bemerkung, da habe er ja noch eine ruhmreiche Zukunft vor sich, und eines Tages werde er gewiß alt werden. Kann der Befragte aber antworten, er sei fünfunddreißig oder achtunddreißig, so ruft der andere sogleich im Tone hoher Achtung: »Großes Glück!« Die Begeisterung wächst, je höher das Alter ist, das der Befragte zu nennen hat, und ist er gar über die Fünfzig hinaus, so senkt der Fragende sogleich voll Demut und Achtung seine Stimme.

Darum müßten eigentlich alle alten Menschen, die es sich leisten können, auf der Stelle nach China ziehen, wo man selbst den weißbärtigen Bettler mit ausgemachter Liebenswürdigkeit behandelt. Leute in mittleren Jahren warten meist begierig auf den Tag, an dem sie fünfzig werden, und bei erfolgreichen Kaufleuten und Beamten hat man es schon erlebt, daß sie bereits ihren vierzigsten Geburtstag mit gewaltigem Pomp feierten. Der fünfzigste Geburtstag aber, die Wegmarke des halben Jahrhunderts, ist in allen Bevölkerungsschichten ein Anlaß zu lauter Freude. Der sechzigste gar übertrifft den fünfzigsten an Herrlichkeit, der siebzigste den sechzigsten, und wer seinen achtzigsten Geburtstag feiern kann, der gilt als ein ganz besonderes Glückskind des Himmels.

Einen Kinnbart zu tragen, ist das besondere Vorrecht der Männer, die Großväter sind, und wer sich ohne die nötige Qualifikation — ohne also Enkel zu haben oder wenigstens hoch in den Fünfzigern zu stehen — einen solchen Bart wachsen läßt, läuft Gefahr, daß man ihn hinter seinem Rücken auslacht. Eine Folge davon ist es, daß junge Männer sich ein älteres Aussehen zu geben versuchen, indem sie das Auftreten, die würdevolle Art und die Lebensauffassung alter Männer nachahmen. Mir sind junge chinesische Schriftsteller bekannt, die frisch von der Schulbank weg, im Alter von einundzwanzig oder höchstens fünfundzwanzig Jahren, Zeitschriftenartikel über die Frage veröffentlichten: »Was die Jugend lesen und welche Lektüre sie meiden soll«, wobei sie im Tone väterlicher Herablassung von den vielen der Jugend drohenden Fallstricken zu fabeln wußten.

Das Bedürfnis, alt zu sein oder es wenigstens zu scheinen, ist verständlich, wenn man sich überlegt, welcher Vorzug dem Alter in China allenthalben eingeräumt wird. Zunächst einmal ist es Vorrecht der alten Leute, daß sie reden dürfen, während die Jungen zuhören und den Mund halten müssen. »Ein junger Mann soll Ohren haben und keinen Mund«, sagt ein chinesisches Sprichwort. Die Zwanzigjährigen sollen zuhören, wenn die Dreißigjährigen sprechen, und von diesen wird umgekehrt stummes Zuhören erwartet, wenn Vierzigjährige das Wort führen. Da das Bedürfnis, zu reden und Zuhörer zu haben, allgemein verbreitet ist, leuchtet es ein, daß man mit zunehmenden Jahren immer mehr auf seine Rechnung kommt. Es ist ein Gesellschaftsspiel, bei welchem keiner bevorzugt ist, denn jedermann hat die Aussicht, zu seiner Zeit gleichfalls alt zu werden.

Ein Vater etwa, der seinem Sohn eine Standpauke hält, muß auf der Stelle stillschweigen und eine andere Haltung einnehmen, wenn die Großmutter den Mund aufmacht. Was kann er sich anderes wünschen, als daß er an die Stelle der Großmutter rückt?

Diese Spielregel entbehrt auch nicht der Gerechtigkeit, denn wie sollte ein Junger den Mund auftun, wo die Alten doch jeden Augenblick sagen können: »Ich bin schon über mehr Brücken gelaufen als du über Straßen!«

Ein Mensch möcht, jung noch, was erleben.
Doch mit der Zeit wird sich das geben,
Bis er, im Alter, davor bebt,
Daß er am End noch was erlebt.

EUGEN ROTH

Ich habe Angst vor dem Alter

Teresa Bloomingdale

Mir hat immer vor dem Alter gegraut.

Ich kann mir nichts Schlimmeres vorstellen, als alt und hilflos und vielleicht einsam zu sein; allein die Langeweile brächte mich um. Wie schrecklich muß es sein, den lieben langen Tag nichts anderes zu tun zu haben, als aus dem Fenster zu schauen, die Wände anzustarren oder, noch ärger, in den Fernsehapparat zu glotzen. Als also unser Bürgermeister zu einer Senioren-Woche aufrief und uns bat, etwas Sonnenschein in das Leben unserer betagten Mitbürger zu bringen, beschloß auch ich, Gutes zu tun. Ich würde unseren Nachbarn besuchen, einen erst küzlich verwitweten älteren Herrn im Ruhestand, der zu seiner verheirateten Tochter gezogen war, weil er, wie ich vermutete, zu alt war, um selbst für sich zu sorgen. Ich buk also einen ganzen Berg Brownies und ging dann, ohne mich vorher telefonisch anzusagen (manche alten Leute hören das Telefon ja gar nicht), die Straße hinunter, um dem alten Knaben einen frohen Tag zu bereiten.

Als ich klingelte, kam der »alte Knabe« zur Tür, bekleidet mit Tennisshorts und einem Ralph-Lauren-Polohemd und so hinfällig wie ein Filmstar auf der Höhe seiner Karriere.

»Es tut mir leid, daß ich Sie nicht hereinbitten kann«, entschuldigte er sich, nachdem ich mich vorgestellt hatte, »aber ich muß um zwei im Racquet Club sein, ich spiele nämlich heute im Semifinale.«

»Oh, das ist aber fein«, stotterte ich. »Ich habe Ihnen ein paar Brownies gebacken...«

»Großartig«, fiel er mir ins Wort und schnappte die Schachtel mit den Süßigkeiten. »Das ist genau das, was ich für meinen morgigen Bridgeabend brauche. Tausend Dank!«

»... und wollte einmal kurz bei Ihnen vorbeischauen. Aber es spielt ja keine Rolle. Dann gehe ich eben mal über die Straße und besuche Oma Grady.« (Oma Grady ist übrigens nicht meine leibliche Großmutter, sondern eine alte Dame, die seit eh und je in unserer Nachbarschaft wohnt und von jedermann »Oma« genannt wird.)

»Machen Sie sich nicht die Mühe, Oma ist nicht zu Hause. Ich habe sie gerade vorhin angerufen, um sie an unser Rendezvous zu erinnern — wir gehen nämlich heute abend tanzen. Sie dürfte zum Friseur gegangen sein, denn beim Frühstück hat sie erwähnt, daß sie sich für heute zum Haarfärben angesagt hat.«

Beim *Frühstück?* Großer Gott! Der alte Knabe und Oma hatten doch nicht etwa ... aber nein, sicher nicht! Nicht in ihrem Alter, das *konnten sie doch nicht!* Oder doch?

Ich wünschte ihm Glück für sein Tennismatch (obwohl mich sein Match mit Oma weit mehr interessierte) und verabschiedete mich.

Ich bin jedoch nicht so leicht zu entmutigen. Ich hatte beschlossen, an diesem Nachmittag einen alten Menschen zu besuchen, und zum Teufel, ich würde jemand Alten finden, den ich besuchen konnte.

Ich rief die Cousine meiner Mutter an (die dreiundachtzig ist); sie war im Krankenhaus ... wo sie im Geschenkartikelladen arbeitet.

Ich rief meine Tante an (die vierundsiebzig ist); sie war in China .. als Reiseleiterin.

Ich rief den Onkel meines Mannes an (der neunundsiebzig ist); vergeblich, denn ich hatte ganz vergessen, daß er auf Hochzeitsreise war.

Schließlich erinnerte ich mich an die alte Schwester Margaret, eine Klosterfrau, die mich in der Volksschule unterrichtet hatte. Seit Jahren schon lebte sie in einem Altersheim für Klosterfrauen, wo ich sie bei Gelegenheit immer wieder besucht hatte. Nun aber war es schon einige Jahre her, seit ich sie das letzte Mal gesehen hatte. Ich fragte mich, ob die Gute nicht am Ende schon so senil war, daß sie mich gar nicht mehr erkennen würde. Die Gute war nicht da.

»Wen suchen Sie?« hatte mich die Empfangsdame gefragt, als ich wissen wollte, ob ich Schwester Margaret jetzt besuchen könnte.

»Schwester Margaret«, wiederholte ich und überlegte schon, ob die alte Nonne nicht vielleicht schon zu Gott heimgegangen war.

»Schwester Margaret ... Schwester Margaret ...«, überlegte die Empfangsdame.

»Ach natürlich! Sie meinen die Mercedes. Die ist diese Woche nicht da, sie ist auf Tournee.«

»Mercedes?« Ich verstand kein Wort. »Auf Tournee?«

»Mercedes ist der Künstlername von Schwester Margaret«, wurde ich aufgeklärt. »Als sie Schauspielerin wurde, nahm sie den Namen Mercedes an. Sie war nämlich eine große Bewunderin von Mercedes McCambridge, und außerdem fand sie, daß Mercedes viel verführerischer klingt als Margaret.«

»Schwester Margaret ... ich meine Mercedes ... ist Schauspielerin!« fragte ich, zu verblüfft, um mich zu wundern, wann die Klosterschwester wohl die Bedeutung des Wortes »verführerisch« gelernt haben mochte.

»Nun ja, eigentlich ist sie Produktionsleiterin«, klärte mich die Empfangsdame auf. »Vor einigen Jahren rief sie einen Senioren-Theaterklub ins Leben, der sich zu einem Wandertheater entwickelt hat. Sie fahren mit ihren Aufführungen kreuz und quer durch das Land. Am Donnerstag kommt sie zurück ... halt, das stimmt nicht. Sie kommt zwar zurück , fährt aber am selben Abend noch nach Washington D. C. Sie ist in der Seniorenkommission des Weißen Hauses, müssen Sie wissen.«

Ich wußte es nicht, und ich kann mir nicht vorstellen, wie sie in diese Kommission gekommen ist, wo sie vom Altern doch sichtlich keine Ahnung hat!

Und ich will auch nichts davon wissen.

Mir graut noch immer vor dem Alter. Heute mehr denn je. Ich glaube einfach nicht, daß ich ihm gewachsen sein werde.

Textnachweise

Woody Allen: Über Jugend und Alter. In: Die frühen Essays, © 1972, 1973, 1974, 1975 by Woody Allen/ © 1979 by Rogner & Bernhard, München.
Ingeborg Bachmann: Das dreißigste Jahr. In: Werke, hg. von Christine Koschel, Inge von Weidenbaum, Clemens Münster. Band 2, Erzählungen. München/Zürich: © Piper 1978 (Auszug).
Teresa Bloomingdale: Witz und Mutterwitz, Wien: © Zsolnay 1987.
Caroline Caiser: Sitten und Gebräuche, In: Kleine Bettlektüre für liebenswerte Geburtstagskinder, Bern: © Scherz 1978.
Hans Magnus Enzensberger: Die Furie des Verschwindens, Frankfurt a.M.: © Suhrkamp 1980.
Theodor Fontane: Brühsuppe und Eierkuchen. In: Von Dreißig bis Achtzig, Sein Leben in seinen Briefen, hg von Hans-Heinrich Reuter,

Leipzig 1959 – Aber wir lassen es andere machen. In: Sämtliche Werke, München, Nymphenburger Verlag 1959-1975.
Max Frisch: Notizen zu einem Handbuch an Anwärter. In: Gesammelte Werke, Frankfurt a. M.: © Suhrkamp 1976.
Brüder Grimm: Kinder und Hausmärchen, München: Winkler [13]1988.
Hellmut Holthaus: Freiwillige vor zum Altwerden. In: Wie man durchs Leben kommt. Frankfurt/M.: Josef Knecht 1963, © Angelo Holthaus.
Janosch: Magischer Lebenslauf. In: Das große Janoschbuch. Weinheim: © Beltz Verlag 1976.
Mascha Kaléko: Geburtstag. In: Das lyrische Stenogrammheft, Reinbek: © Rowohlt 1956. – Träumer mittleren Alters. In: Horoskop gefällig, Bad Homburg: © Hunzinger Bühnenverlag.
Stephan Christian Kayser: Wo dieses Land ist, München: © Ehrenwirth 1978.
Barbara König: Spielerei bei Tage. Erzählungen, München: © Hanser 1969 (gekürzte Fassung).
Karl Kraus: Rückkehr in die Zeit. In: Schriften, Band 9: Gedichte, Frankfurt a.M.: © Suhrkamp 1988.

Peter Spangenberg: Über die Zeit. In: Der Stein der tanzenden Fische, Gütersloh: © Gütersloher Verlagshaus 1976.
Theophil Stein: Perspektiven. © beim Autor.
James Thurber: Ein Herr in den besten Jahren. In: Was ist daran so komisch. Gesammelte Erzählungen. Reinbek: © Rowohlt 1971.
Kurt Tucholsky: Die fünfte Jahreszeit. In: Gesammelte Werke, Reinbek: © Rowohlt 1960.

Bildnachweise

(5) Sandro Botticelli, Der Frühling.
(9) Marcus Stone, A Passing Cloud. Manchester City Art Gallery.
(13) Bertha Schilling, Bauerngarten, um 1940. Stiftung Heimathaus Irmintraut, Fischerhude.
(20) Pablo Picasso, Jacqueline mit Blumen, 1954. © VG Bild-Kunst, Bonn 1994.
(25) James Ensor, Stilleben mit chinesischen Nippsachen, 1906/07. © VG Bild-Kunst, Bonn 1994.
(29) Edvard Munch, Der Tanz des Lebens, 1935. Nationalgalerie Oslo.
(33) Franz Graf von Pocci, Viola Tricolor — Die Liebeserklärung.
(37) Michael Ancher, Eine Strandpromenade, 1896. Skagens Museum.
(41) Francis Picabia, Carnaval, 1924/27. © VG Bild-Kunst, Bonn 1994.
(45) Camille Corot, Die Leserin, 1845/50. Sammlung E.G. Bührle, Zürich.

(48) Ecstasy, 1988. © Portal Publications Ltd. Corte Madera, Cal.
(53) Kees van Dongen, Die Sphinx, 1925. © VG Bild-Kunst, Bonn 1994.
(57) Paula Modersohn-Becker, Hand mit Blumenstrauß, 1902.
(60) Otto Dix, Mieze, abends im Café, 1923. © VG Bild-Kunst, Bonn 1994.
(65) Marc Chagall, Doppelporträt mit Weinglas, 1917. © VG Bild-Kunst, Bonn 1994.
(69) Marcus Stone, In Love. Nottingham Castle Museum and Art Gallery.
(77) Paul Gauguin, Landschaft auf Tahiti, aus dem Album »Noa-Noa«. Louvre, Paris, Cabinet des Dessins.
(85) Sir Samuel Luke Fildes, Die Dorfhochzeit.
(89) Georges Seurat, Ein Sonntagnachmittag auf der Insel Grande-Jatte, ca. 1884/86. Chicago, Ill., Art Institute of Chicago.
(93) Henri Matisse, Die Konversation, 1911. © VG Bild-Kunst, Bonn 1994/ Succession H. Matisse.
(97) Giovanni Boldini, Porträt der Mlle Lanthelme.
(101) Caspar David Friedrich, Landschaft mit Eichen und Jäger, 1811.
(105) Felix Vallotton, Der Besuch, 1899.

(109) Gustave Caillebotte, Porträts auf dem Lande, 1876. Bayeux, Musée Baron Gérard.
(117) Mary Cassatt, Frau bei Näharbeiten im Garten, 1880/82. Musée d'Orsay, Paris.
(125) Pierre Bonnard, In der Loge. © VG Bild-Kunst, Bonn 1994.
(129) Sempé, Musician II. © Sempé.
(133) Karl Krummacher, In der Stube, 1920.
(140) James Ensor, Das Erstaunen der Maske Wouse, 1889. © VG Bild-Kunst, Bonn 1994.
(145) Edouard Vuillard, Das Kartenspiel, um 1923. © VG Bild-Kunst, Bonn 1994.
(152) Pieter Brueghel d. Ä. Hochzeitstanz im Freien. Florenz, Uffizien.
(157) Gustave Caillebotte, Pariser Straße an einem Regentag, 1877. Chicago, Ill., Art Institute of Chicago.
(165) Marc Chagall, Braut mit Blumenstrauß, 1926. © VG Bild-Kunst, Bonn 1994.
(173) Theo van Rysselberghe, Mme M. Van de Velde-Sèthe, 1891. Koninklijk Museum voor Schone Kunsten, Antwerpen.

Inhalt